Joachim Jeremias

CALWER PAPERBACK

Herausgegeben
von Gerhard Hennig

Joachim Jeremias

Jesus
und seine Botschaft

Calwer Verlag Stuttgart

INHALT

CIP-Kurztitelaufnahme der Deutschen Bibliothek

Jeremias, Joachim:
Jesus und seine Botschaft / Joachim Jeremias.
– 2. Aufl. – Stuttgart : Calwer Verlag, 1981
(Calwer Paperback)
ISBN 3-7668-0508-8

Zweite Auflage 1982 © 1976 by Calwer Verlag Stuttgart
Herstellung: Druckhaus Schwaben GmbH, Heilbronn

I. Das Problem des historischen Jesus[1]

Die Frage, ob der historische Jesus und seine Botschaft Bedeutung für den christlichen Glauben habe, klingt für den, der die Debatte nicht kennt, absurd. Niemand in der Alten Kirche, niemand in der Kirche der Reformationszeit und der beiden folgenden Jahrhunderte ist auf die Idee gekommen, eine solche Frage zu stellen. Wie ist es möglich, daß diese Frage sogar im Mittelpunkt der neutestamentlichen Debatte steht, ja daß sie heute weithin mit Entschiedenheit negativ beantwortet wird? Der historische Jesus und seine Botschaft haben, so erklärt eine verbreitete theologische Position, keine, jedenfalls keine entscheidende, Bedeutung für den christlichen Glauben. Wir fragen: 1. Wie wird diese Ansicht begründet? 2. Was ist kritisch dazu zu sagen? und 3. Wie verhalten sich die Frohbotschaft Jesu und die Verkündigung der Kirche zueinander?

A. Die Kerygmatheologie[2]

Man kann die Position Rudolf Bultmanns und seiner Schule nur verstehen, wenn man den Weg verfolgt hat, der zu seiner Stellungnahme führte. Wir versuchen, diesen Weg in großen Zügen zu skizzieren.

1. Das Problem des historischen Jesus ist jungen Datums; man kann sein Geburtsjahr genau feststellen: 1778. Schon diese Jahreszahl zeigt uns: Das Problem des historischen Jesus ist ein Kind der Aufklärung. Der älteren Zeit stand fest, daß die Evangelien unbedingt zuverlässige Kunde über Jesus vermitteln; sie sah hier kein Problem. Die neutestamentliche Evangelienforschung vor der Aufklärungszeit beschränkte sich im wesentlichen darauf, die vier Evangelien zu paraphrasieren und zu harmonisieren. Praktisch war die neutestamentliche Exegese eine Hilfsdisziplin der Dogmatik. Erst am Ende des 18. Jahrhunderts bricht die Erkenntnis auf: Der historische Jesus und der von der Kirche auch in den Evangelien verkündigte Christus sind nicht derselbe. Der Mann, der das brutal herausstellte, war Hermann Samuel Reimarus. Er war 1694 in Hamburg geboren, Professor der orientalischen Sprachen, also Nichttheologe, und starb 1768 in seiner Heimatstadt. Bei seinem Tode hinterließ er ein Manuskript, das in die Hände von Gotthold Ephraim Lessing kam, der aus ihm 1774–1778 sieben Fragmente veröffentlichte. Das siebte

Fragment trug den Titel „Von dem Zwecke Jesu und seiner Jünger. Noch ein Fragment des Wolfenbüttelschen Ungenannten" (1788, 276 S.). Man muß, so sagt Reimarus, unterscheiden zwischen Jesu „Zweck", das heißt der Absicht, die Jesus verfolgte, und dem „Zweck" seiner Jünger. Jesu Absicht muß verstanden werden von dem Kreuzesruf her: „Mein Gott, mein Gott, warum hast du mich verlassen?", mit dem er seinen „Zweck" für gescheitert erklärt. Das heißt: Jesus war ein jüdischer politischer Messias, der ein weltliches Reich aufrichten und die Juden von der Fremdherrschaft erlösen wollte. Der Kreuzesruf zeigt, daß er seinen „Zweck" nicht erreichte. Ganz anders der „Zweck" seiner Jünger! Sie standen vor der Vernichtung ihrer Träume. Was wollten sie tun? Zu ihrer Hantierung zurückzukehren, hatten sie keine Lust. Wovon sollten sie aber sonst existieren? Sie halfen sich so, daß sie den Leichnam Jesu stahlen, die Botschaft von seiner Auferstehung und Wiederkehr erfanden und auf diese Weise Anhänger sammelten. Die Jünger also sind die Erfinder des Christusbildes. – Die Erregung war groß, die Ablehnung des haßerfüllten Pamphletes mit Recht allgemein. Haß ist kein Wegweiser zur historischen Wahrheit. Dennoch hatte der Außenseiter Reimarus erstmalig mit hellsichtiger Klarheit einen Tatbestand erkannt, den man bisher übersehen hatte. Er hatte gesehen, daß der Jesus der Geschichte und der Christus der Verkündigung nicht derselbe sind. Geschichte und Dogma sind zweierlei. Bei Reimarus beginnt das Problem des historischen Jesus. Mit Recht hat Albert Schweitzer die erste Auflage seiner Geschichte der Leben-Jesu-Forschung „Von Reimarus zu Wrede" (1906) genannt.

2. Offensichtlich war Reimarus' Darstellung des historischen Jesus töricht und dilettantisch. Jesus war kein politischer Revolutionär. Unsere Quellen bezeugen eindeutig und glaubhaft, daß er sich scharf gegen die zelotisch-nationalistischen Tendenzen seiner Umwelt gewandt hat. Aber Reimarus hatte mit seiner Behauptung, daß der historische Jesus ein anderer war als der Christus, den uns die Evangelien, vor allem das Johannesevangelium, schildern, ein Problem aufgeworfen, an dem man nicht vorbeigehen konnte. Es lautete: wer war Jesus von Nazareth wirklich?

Diese Frage sucht die jetzt einsetzende Leben-Jesu-Forschung der Aufklärungszeit zu beantworten. Sie wird von der liberalen Theologie betrieben, und zwar im Kampfe gegen das kirchliche Dogma. Diese ganze Forschung, die sich um den historischen Jesus müht, stellt den Versuch dar, sich vom Dogma zu befreien. Zurück zum

Menschen Jesus von Nazareth heißt die Losung. Seine Persönlichkeit, seine Religion sind das Entscheidende, nicht das christologische Dogma.

Unter dieser Losung entsteht eine Fülle von Jesusbildern, und wir lächeln heute, wenn wir sie lesen. Diese Jesusbilder sind ganz verschieden. Die Rationalisten schildern Jesus als Moralprediger, die Idealisten als Inbegriff der Humanität, die Ästheten preisen ihn als den genialen Künstler der Rede, die Sozialisten als den Armenfreund und sozialen Reformer, und die ungezählten Pseudowissenschaftler machen aus ihm eine Romanfigur[3]. Jesus wird modernisiert. Diese Leben Jesu sind lauter Wunschbilder. Das Ergebnis ist, daß jede Epoche, jede Theologie, jeder Autor in der Persönlichkeit Jesu das eigene Ideal wiederfindet. Wo liegt der Fehler? Ohne sich dessen bewußt zu sein, setzt man an die Stelle des Dogmas Psychologie und Phantasie. Denn alle diese verschiedenen Leben Jesu haben gemeinsam, daß sie mit Hilfe dieser beiden Mittel, der Psychologie und der Phantasie, die Persönlichkeit Jesu zeichnen. Nicht die Quellen allein stehen Pate, sondern den Hauptanteil hat die freischaffende psychologische Konstruktion. Es war geradezu tragisch, daß Albert Schweitzer, der in dem genannten Werke mit unerbittlichem Scharfsinn diese Wunschbilder als solche aufdeckte, selbst dem Fehler der psychologischen Konstruktion erlag, wenn er unter Berufung auf Mt 10, 23 die Enttäuschung über das Ausbleiben des Endes für die große Wende im Leben Jesu erklärte, die ihn dazu veranlaßte, den Leidensweg auf sich zu nehmen, um auf diese Weise die Gottesherrschaft herbeizuzwingen.

Die sogenannte positive Theologie beschränkte sich zunächst im wesentlichen auf die Abwehr dieser Versuche, also auf eine apologetische Haltung, und sie tat weise daran. Erst 1892 geht sie zum Angriff über mit einer ihrer Zeit voraneilenden, programmatischen Schrift von Martin Kähler „Der sogenannte historische Jesus und der geschichtliche, biblische Christus". Man muß den Titel dieser Schrift sehr sorgfältig in sich aufnehmen, wenn man Kählers Anliegen verstehen will. Kähler unterscheidet einerseits zwischen „Jesus" und „Christus", andererseits zwischen „historisch" und „geschichtlich". Unter „Jesus" versteht er den Mann von Nazareth, wie ihn die Leben-Jesu-Forschung geschildert hatte und schilderte, unter „Christus" den von der Kirche verkündigten Heiland. Mit „historisch" bezeichnet er die reinen Fakten der Vergangenheit, mit „geschichtlich" das, was bleibende Bedeutung besitzt. Das heißt: er stellt gegenüber den sogenannten „historischen Jesus", wie ihn die Leben-Jesu-Forschung zu rekonstruieren versucht hatte, und den geschichtlichen, biblischen Christus, wie ihn die Apostel verkündigt haben. Seine These lautet: Lediglich der biblische Christus ist für uns faßbar, und er allein ist von bleibender Bedeutung für den Glauben. Nur so, wie ihn uns die Evangelien schildern, und nicht so, wie ihn ausschließlich wissenschaftliche Rekonstruktionen darstellen, ruft er „den unabweislichen Eindruck vollster Wirklichkeit hervor"[4]. Kähler war also, was oft übersehen wird, überzeugt von der „Zuverlässigkeit" des „lebensvollen, in sich zusammenstimmenden, immer wieder zu erkennenden Menschenbildes", das uns aus den neutestamentlichen Zeugnissen „ansieht"[5]. Zunächst jedoch verhallte Kählers Ruf; erst in unseren Tagen kam er zur vollen Auswirkung, als Rudolf Bultmann ihn, freilich abgeändert, aufnahm.

3. Unter dem maßgeblichen Einfluß von Rudolf Bultmann hat sich nun in den letzten Jahren ein wahrhaft erregender Vorgang vollzogen. Die kritische Theologie, die sich 150 Jahre lang um den historischen Jesus bemüht hat, sieht klar ein, daß sie sich eine unlösbare Aufgabe vorgenommen hat; sie hat den Mut, das offen zuzugeben, und geht mit fliegenden Fahnen ins gegnerische Lager über. Sie sagt Nein zu ihrer ganzen Geschichte; sie gibt Kähler im Negativen recht, indem sie die Bemühungen um den historischen Jesus für ein unlösbares und unfruchtbares Unternehmen erklärt; sie zieht sich in die sturmfreie Festung des Kerygma, der Christusverkündigung, zurück.

Den Verzicht auf den historischen Jesus und den Rückzug auf die Christusverkündigung der Apostel begründet sie mit zwei Erwägungen.

a) Sie verweist auf die Eigenart der Quellen. Wir haben keine Aufzeichnungen von Jesu Hand, wie wir sie von der Hand des Apostels Paulus besitzen. Vielmehr kennen wir Jesus nur aus den Evangelien, die nicht Biographien sind, sondern Glaubenszeugnisse, die viel sekundäres, viel umgeformtes Gut enthalten und viele Legenden (man denke nur an die Wundergeschichten!). Alle vier Evangelien schildern Jesus aus der Glaubenshaltung der Evangelisten: Markus den verborgenen Menschensohn, Mattäus den geheimen König Israels, Lukas den Herrn der werdenden Kirche, Johannes den sich offenbarenden Gottessohn. Mit diesem Material kann man, das haben hundert vergebliche Versuche gezeigt, kein Leben Jesu darstellen. Wir müssen uns freimachen vom Subjektivismus der so-

8

genannten historischen Jesusforschung. Wir müssen radikal die Konsequenzen aus der Tatsache ziehen, daß wir Jesus nur in mythischem Gewande kennenlernen. Wir müssen zugeben, daß wir nicht hinter das Kerygma zurückkommen können; wenn wir es dennoch versuchen, geraten wir auf schwankenden Boden.

b) Nun ist es allerdings nicht so, als ob uns die Quellen gänzlich im Stich ließen. Die Zeiten sind vorüber, in denen eine unwissenschaftliche Skepsis bezweifelte, ob Jesus überhaupt gelebt habe. Wir können vielmehr manches ermitteln über ihn selbst und auch über seine Verkündigung. Aber was wir in die Hand bekommen, wenn wir die Quellen mit historisch-kritischen Mitteln analysieren, ist nichts, was für den Glauben von Bedeutung wäre. Denn dieser Jesus von Nazareth war ein jüdischer Prophet. Gewiß ein Prophet, der, indem er den radikalen Gehorsam forderte, den Menschen ganz als Sünder sah und ihm die Vergebung Gottes predigte, „den Gottesgedanken des Judentums in seiner Reinheit und Konsequenz erfaßt hat"[6]; gewiß ein Prophet, der den Anspruch erhob, daß sich an der Stellung zu seinem Wort die Stellung zu Gott entscheide. Aber er steht mit alledem im Rahmen des Judentums. Was er predigt, ist radikalisierter alttestamentlich-jüdischer Gottesglaube[7]. Die Geschichte Jesu gehört für Bultmann in die Geschichte des Judentums, nicht des Christentums. Dieser jüdische Prophet hat zwar historisches Interesse für die neutestamentliche Theologie, Bedeutung für den christlichen Glauben hat er jedoch nicht und kann er nicht haben. Denn (und nun kommt eine sehr erstaunliche These) das Christentum hat erst Ostern begonnen. Hier ist eine entscheidende Weichenstellung erreicht. Wer käme auf den Gedanken, den Islam erst nach Mohammeds, den Buddhismus erst nach Buddhas Tode beginnen zu lassen? Bejaht man dieses Postulat, daß das Christentum erst Ostern, mit der Verkündigung vom auferstandenen Christus, begonnen habe, dann allerdings ist es konsequent fortzufahren: Da Jesus nur ein jüdischer Prophet war, gehört er nicht in das Christentum. „Die Verkündigung Jesu gehört" – so lautet der erste Satz von Bultmanns Neutestamentlicher Theologie – „zu den Voraussetzungen der Theologie des Neuen Testaments und ist nicht ein Teil dieser selbst"[8], wobei der Plural „zu den" wohl zu beachten ist. Das heißt also: Die Verkündigung Jesu ist eine der Voraussetzungen der neutestamentlichen Theologie neben vielen anderen, vielleicht nicht einmal die entscheidende. Andere Faktoren sind ebenso wichtig: die Ostererlebnisse der Jünger, der Messiasglaube des Judentums und der

Mythus der heidnischen Umwelt, der das Gewand lieferte, mit dem Jesus von Nazareth bekleidet wurde. Die Beschäftigung mit Jesus und seiner Verkündigung mag ganz interessant und lehrreich sein, um die Entstehung des Christentums historisch zu verstehen. Bedeutung für den Glauben hat sie nicht.

Das also ist die doppelte Begründung, die die heutige kritische Theologie für ihren Verzicht auf den historischen Jesus gibt: Wir können kein Leben Jesu schreiben, uns fehlen die Quellen, und: Was wir historisch zu fassen bekommen, ist ein jüdischer Prophet und seine Verkündigung, beides ohne Bedeutung für den Glauben. Daraus folgt: Unsere Aufgabe heute ist es nicht, dem Phantom des historischen Jesus nachzujagen, sondern das Kerygma zu interpretieren, das heißt die Botschaft des Apostels Paulus von der Rechtfertigung des Sünders. Freilich war das Christentum der paulinischen und johanneischen Gemeinden eine Ausprägung der spätantiken Mischreligiosität und gehört als solche in den spätantiken Synkretismus[9]. Aber diese Schwierigkeit ist nicht unüberwindlich. Wir müssen die Botschaft entmythologisieren und in unsere Sprache übersetzen, etwa mit Hilfe der Existentialphilosophie.

Scharf zugespitzt hat diese Gedanken Gerhard Ebeling, wenn er sagt: Die Offenbarung ist nicht „ein historisches Faktum"[10], sie begegnet nicht als „geschichtliches Geschehen"[11]; sie ist nicht in den Jahren 1–30 eingrenzbar abgeschlossen, sondern sie findet jeweils da statt, wo das Kerygma gepredigt wird. Im Ereignis des Glaubens geschieht die Offenbarung[12].

Überblickt man diese theologische Position, so ist zunächst das Positive mit Nachdruck hervorzuheben. Die kritische Forschung unserer Tage ist wahrlich eine andere als die des vorigen Jahrhunderts. Sie ist bemüht, das volle Kerygma aufzunehmen und zur Geltung zu bringen. Das ist ein ungeheures Positivum. Und doch sehe ich in dieser theologischen Position ganz schwere Gefahren. Nämlich diese: Wir sind drauf und dran, den Satz „Das Wort ward Fleisch" preiszugeben und die Heilsgeschichte aufzulösen, das Handeln Gottes in dem Menschen Jesus von Nazareth und in seiner Verkündigung. Wir sind drauf und dran, uns dem Doketismus zu nähern, der Christusidee. Wir sind drauf und dran, die Verkündigung des Apostels Paulus an die Stelle der Botschaft Jesu zu setzen.

B. Die zentrale Bedeutung des historischen Jesus

Was ist kritisch zu der geschilderten Position zu sagen?
1. a) Ohne Frage ist es richtig, daß der Traum ausgeträumt ist, wir könnten eine Biographie Jesu schreiben. Es wäre verhängnisvoll, wollten wir die heilsame Warnung vor unkritischer Verwendung der Evangelien überhören. Dennoch *müssen* wir zurückkehren zum historischen Jesus und zu seiner Verkündigung. Wir kommen an ihm nicht vorbei. Ganz abgesehen von allen theologischen Erwägungen sind es zwei Umstände, die uns dazu zwingen, den Versuch zu machen, das Evangelium, wie Jesus es verkündigt hat, zu ermitteln. Zunächst sind *es die Quellen,* die es uns verbieten, uns auf das Kerygma der Urkirche zu beschränken, und die uns immer wieder nötigen, die Frage nach dem historischen Jesus und seiner Botschaft zu stellen. Denn jeder Vers der Evangelien bezeugt es uns: Der Ursprung des Christentums ist nicht das Kerygma, sind nicht die Ostererlebnisse der Jünger, ist nicht eine Christusidee, sondern der Ursprung des Christentums ist das Auftreten des Mannes Jesus von Nazareth, der von Pontius Pilatus ans Kreuz geschlagen wurde, und seine Botschaft. Die letzten Worte möchte ich besonders unterstreichen: und seine Botschaft. Das Evangelium, das Jesus verkündigt hat, steht vor dem Kerygma der Urgemeinde. Und so unsicher manche Einzelheiten des Verlaufs des Lebens Jesu sind, so klar erfaßbar ist seine Botschaft. Gewiß stehen die Berichte über Jesus und seine Botschaft im Dienste des Glaubenszeugnisses der Urkirche, und gewiß sind die Evangelien keine Biographien im Sinne der griechischen Biographie (das haben wir gelernt!), aber man hat hier doch maßlos übertrieben. Es ist nicht so, als ob alles gefärbt wäre. Paulus schreibt früher als alle vier Evangelien, und er war in der heidenchristlichen Kirche vor der Abfassung der Evangelien *der* große Theologe; aber paulinische Terminologie findet sich nur vereinzelt in den Evangelien. Jesus läßt sich nicht einfach in eine anonyme Urgemeinde einebnen. Immer wieder stoßen wir auf Worte, die eindeutig in die vorösterliche Situation weisen. Nur ganz spärlich wird hier und da die christologische Übermalung greifbar; und selbst wenn wirklich die Übermalung alles verdeckt hätte, bliebe auch dann noch die Bemühung um den historischen Jesus eine dringende Aufgabe, denn das Fehlen primärer Quellen darf für historische Arbeit niemals Anlaß zur Resignation sein.
b) Aber nicht nur die Quellen zwingen uns dazu, immer wieder

nach dem historischen Jesus und seiner Verkündigung zu fragen; auch *das Kerygma,* die Christusverkündigung der Urkirche, weist auf Schritt und Tritt über sich selbst zurück. Denn das Kerygma – Gott war in Christus und versöhnte die Welt mit sich selbst – bezieht sich auf ein historisches Ereignis. Das Kerygma verkündigt: Gott offenbarte sich in einem Geschehen in der Geschichte. Insbesondere die Kernaussage des Kerygma „gestorben nach den Schriften für unsere Sünden" ist Deutung eines historischen Ereignisses: Dieses Sterben geschah für uns. Damit aber erhebt sich die Frage, ob diese Deutung des Kreuzestodes Jesu willkürlich den Ereignissen aufgeprägt ist, oder ob es irgendeinen Umstand in den Ereignissen selbst gibt, der zu dieser Deutung Anlaß gab. Mit anderen Worten: Wir müssen fragen: Hat Jesus selbst sich über sein bevorstehendes Sterben geäußert, und wie hat er es gedeutet? In ganz analoger Weise gilt von der Verkündigung der Auferstehung, daß sie über sich selbst zurückweist. Der auferstandene und erhöhte Christus, den die Apostel verkündigen und zu dem die Gemeinde betet, hat Züge, Gesichtszüge, Wesenszüge, die den Jüngern vertraut sind – die Gesichtszüge und Wesenszüge des irdischen Herrn. Genau dasselbe gilt auch für Paulus und die gesamte übrige Verkündigung der Urkirche; auch sie weisen ständig über sich selbst zurück. Paulus kämpft gegen die Selbstgerechtigkeit des jüdischen Nomismus, gegen die Selbstsicherheit des frommen Menschen, gegen sein Sichrühmen, und stellt dem die Botschaft gegenüber, daß wir allein aus Glauben gerettet werden, daß Gott nicht dem Gerechten, sondern dem Sünder, der allein auf seine Vergebung vertraut, das Heil zuspricht. Genau das aber ist – gewiß mit anderem Vokabular – die Botschaft Jesu gewesen. Wir können offensichtlich die paulinische Verkündigung nicht verstehen, ohne die Verkündigung Jesu zu kennen. Welche Aussagen des Kerygma wir auch immer ins Auge fassen, stets liegen die Anfänge in der Verkündigung Jesu. Wie klar sich die Urkirche dessen bewußt war, geht daraus hervor, daß sie das Kerygma (die Missionspredigt) durch die Didache (die Unterweisung der Gemeinde) ergänzte, die sich nicht nur in den Briefen und der Offenbarung Joh spiegelt, sondern auch in den Evangelien. Zu keiner Zeit hat es in der Urkirche ein Kerygma ohne Didache gegeben, zu deren Gegenständen die Wirksamkeit Jesu gehörte.

Das also ist das Erste: Wir *müssen* diesen Weg zum historischen Jesus und zu seiner Verkündigung immer wieder gehen. Die Quellen fordern es. Das Kerygma, das über sich zurückweist, fordert es genauso. Theologisch ausgedrückt: Die Inkarnation schließt es in sich, daß die Geschichte Jesu nicht nur offen ist für geschichtliche Untersuchung, für historische Forschung und Kritik, sondern all das fordert. Wir müssen wissen, wer der historische Jesus war und wie seine Verkündigung lautete. Wir dürfen das Skandalon des Menschwerdung nicht beseitigen. Und wenn man uns einwendet, das Wesen des Glaubens werde verkannt, wenn historische Erkenntnisse zum Gegenstand des Glaubens gemacht werden, der Glaube werde auf diese Weise der so fragwürdigen, so subjektiven, so hypothetischen Forschung preisgegeben, so können wir nur antworten: Gott hat sich selbst preisgegeben. Die Inkarnation ist die Selbstpreisgabe Gottes, und dazu haben wir Ja zu sagen.

Tatsächlich drängt denn auch die neueste theologische Entwicklung gerade an dieser Stelle über die Kerygmatheologie Bultmanns hinaus. Man sieht heute auf der ganzen Linie, daß die Frage nach dem historischen Jesus ernst genommen werden muß, und so ist die Lage in der heutigen neutestamentlichen Forschung doch nicht so uneinheitlich, wie es auf den ersten Blick scheinen könnte.

2. Wir müssen den Weg zum historischen Jesus und seiner Botschaft gehen, ganz gleich, wohin er uns führt. Aber – das ist das Zweite – wir *können* es auch getrost wagen, diesen Weg zu gehen, ohne befürchten zu müssen, daß wir uns in ein gefährliches, aussichtsloses Unternehmen einlassen. Aber laufen wir nicht Gefahr, daß wir einmal mehr bei einem subjektiven, modernisierten Leben Jesu landen, daß auch wir, wie das ganze 19. Jahrhundert, unbewußt und ungewollt uns selbst, unsere eigene Theologie in Jesus von Nazareth zurückprojizieren? Dazu ist zu sagen: Gewiß wird es dem Historiker nie völlig gelingen, das eigene Ich ganz selbstlos auszuschalten. Diese Fehlerquelle werden wir nie ganz beseitigen können. Dennoch brauchen wir nicht zu resignieren. Denn wir sind in einer ganz anderen Lage als das vorige Jahrhundert. Wir sind tatsächlich besser ausgerüstet. Wir sind bescheiden geworden, weil die Fehler der Leben-Jesu-Forschung uns warnen, mehr wissen zu wollen, als wir wissen können; schon das ist unendlich viel wert. Entscheidend aber ist, daß wir heute, wenn ich ein Bild gebrauchen darf, Schutzwälle besitzen, die uns vor einer willkürlichen Modernisierung Jesu, das heißt, die uns vor uns selbst schützen.

Hier kann ich mich mit Andeutungen begnügen und in aller Kürze auf einen fünffachen Tatbestand hinweisen.

a) Die kritische Forschung des vorigen Jahrhunderts hat den ersten

Schutzwall aufgeworfen durch ihre bewundernswerte und mit immer mehr verfeinerten Methoden ausgebaute Literarkritik. Sie lehrte uns, Quellen zu scheiden, oder richtiger (denn wir werden immer skeptischer gegenüber der Annahme schriftlicher Quellen) Überlieferungsströme: Markusüberlieferung, Logienüberlieferung, die Sonderüberlieferungen des Lukas, Mattäus und auch des Johannes. Mit dieser Feststellung führte uns die Literarkritik zurück in das Stadium der mündlichen Überlieferung, das unseren Evangelien voranging. Sie lehrte uns weiter, auf die Kompositionstechnik der Evangelisten zu achten, also zwischen Tradition und Redaktion zu unterscheiden, und lieferte uns auch damit ein Hilfsmittel, die Überlieferung in das vorliterarische Stadium zurückzuverfolgen.

b) Einen Schritt weiter zurück führte uns die Formgeschichte, die die Gesetze herauszuarbeiten versuchte, mit deren Hilfe der Stoff gestaltet wurde, und uns damit von ganz anderer Seite her einen Einblick in das Werden und Wachsen der Überlieferung gab. Es ist viel zu wenig bekannt und beachtet, daß die wesentliche Bedeutung der Formgeschichte darin besteht, daß sie uns hilft, eine hellenistische Schicht abzuheben, die sich über eine ältere palästinische Überlieferung gelegt hat.

c) Einen großen Schritt weiter auf diesem Wege zurück zu Jesus selbst führte uns die zeitgeschichtliche Arbeit, die uns die Umwelt Jesu erschloß und uns die religiösen Anschauungen und Sitten des Palästina der Zeit Jesu kennen lehrte – also vor allem das Studium der rabbinischen Literatur und der spätjüdischen Apokalyptik. Als einer, der jahrelang in Palästina leben durfte, kann ich es aus eigener Erfahrung bezeugen, wieviel neues Licht auf diese Weise auf die Evangelien fällt. Die Bedeutung der Erforschung des alten und auch des neuen Palästina bestand keineswegs in erster Linie darin, daß sie uns zeigte, wie Jesus in seine Zeit gehörte, sondern ihre Hauptbedeutung war eine andere: der schneidende Gegensatz Jesu zur Frömmigkeit seiner Zeit ist uns ganz neu aufgegangen. Hier liegt auch die Hauptbedeutung der neuen am Toten Meer gefundenen Texte. Der Essenismus, den sie uns erschließen, läßt uns aus seinen Selbstaussagen erkennen, in welch hohem Maße das ganze Spätjudentum von dem Bestreben erfüllt war, die reine Gottesgemeinde herzustellen. Wir können jetzt noch deutlicher als bisher ermessen, was es bedeutete, daß Jesus allen derartigen Versuchen ein so radikales Nein entgegensetzte.

d) Die Erforschung der Umwelt Jesu führte zwangsläufig weiter zur

Bemühung um seine Muttersprache. Erst vor etwas mehr als 75 Jahren ist der – wie ich meinen würde – definitive Nachweis von Dalman geführt worden, daß Jesus Galiläisch-Aramäisch gesprochen hat, und seither haben die Bemühungen um diesen Dialekt eingesetzt. Sie stehen noch in den Anfängen. Noch fehlen uns kritische Ausgaben der Texte, fehlt uns ein Vokabular des Galiläisch-Aramäischen. Aber schon die bisherigen Arbeiten haben gezeigt, wie lohnend diese mühsame philologische Kleinarbeit ist. Man denke nur daran, in wie vielen Fällen ein und dasselbe Jesuswort uns im Griechischen mit verschiedenen Vokabeln überliefert wird. Sehr oft handelt es sich dabei um Übersetzungsvarianten, die ein zuverlässiges Hilfsmittel für die Rekonstruktion des den verschiedenen Fassungen zugrunde liegenden aramäischen Wortlautes bilden. Etwa das Vaterunser, das im griechischen Wortlaut bei Mattäus und Lukas, mehrere Abweichungen aufweist, kann auf diese Weise mit hoher Wahrscheinlichkeit in die Sprache Jesu zurückübersetzt werden. Wer jemals mit Übersetzungen zu tun gehabt hat, weiß, daß sie niemals das Original ersetzen können und wird ermessen, wie wichtig es ist, daß wir mit hoher Wahrscheinlichkeit über die griechische Überlieferung zum aramäischen Urwortlaut zurückkommen können. Gewiß sprach auch die älteste Gemeinde aramäisch, so daß nicht unbedingt jeder Aramaismus Echtheitsindiz sein muß; aber wir stehen auf jeden Fall näher bei Jesus, wenn wir zu der vorhellenistischen Überlieferung zurückgeführt werden. Von besonderer Wichtigkeit ist in diesem Zusammenhang die Feststellung, daß sich bei dieser Arbeit Eigenarten der Redeweise Jesu feststellen ließen, die ohne zeitgeschichtliche Entsprechung sind. Die Gottesanrede „Abba" ist in der gesamten spätjüdischen Gebetsliteratur ohne Parallele. Ebenso gibt es zur Einleitung der eigenen Rede mit „Amen" kein zeitgenössisches Analogon. Diese beiden Kennzeichen der ipsissima vox Jesu aber enthalten, so wird man behaupten dürfen, in nuce Jesu Verkündigung und sein Sendungsbewußtsein[13].

e) Von besonderer Bedeutung als Schutzwall gegen eine mit psychologischen Mitteln arbeitende Modernisierung Jesu erwies sich die Wiederentdeckung des eschatologischen Charakters seiner Botschaft. Es handelt sich dabei wiederum nicht nur darum, daß wir verstehen lernten, wie stark Jesus in den Gedanken der zeitgenössischen Apokalyptik lebte und ihre Sprache benutzte, sondern die entscheidende Bedeutung dieser Entdeckung war eine andere: wir sahen, wie Jesu ganze Verkündigung getragen war von dem Wissen um den kommenden Eingriff Gottes in die Geschichte, dem Wissen um die kommende Krisis, das kommende Gottesgericht, und was es bedeutete, daß er in diesem Rahmen den gegenwärtigen Anbruch der Königsherrschaft Gottes verkündigte. Es zeigte sich, daß Jesus nicht der jüdische Rabbi, Weisheitslehrer oder Prophet war, sondern daß seine Botschaft von dem Gott, der schon jetzt den Verachteten, Mißhandelten, Hoffnungslosen Anteil am Heil schenkt, aller Religiosität seiner Zeit widersprach, ja das Ende des Judentums war. Albert Schweitzer hat den Ertrag der Leben-Jesu-Forschung in der Schlußbetrachtung seines Buches „Geschichte der Leben-Jesu-Forschung" in folgendem anschaulichen Bilde zusammengefaßt: „Es ist der Leben-Jesu-Forschung merkwürdig ergangen. Sie zog aus, um den historischen Jesus zu finden, und meinte, sie könnte ihn dann, wie er ist, als Lehrer und Heiland in unsere Zeit hineinstellen. Sie löste die Bande, mit denen er seit Jahrhunderten an den Felsen der Kirchenlehre gefesselt war, und freute sich, als wieder Leben und Bewegung in die Gestalt kam und sie den historischen Menschen Jesus auf sich zukommen sah. Aber er blieb nicht stehen, sondern ging an unserer Zeit vorüber und kehrte in die seinige zurück"[14]. Das war in der Tat die merkwürdige Erfahrung, die die 1778 entstandene Leben-Jesu-Forschung gemacht hat. Jesus wurde durch sie von Fesseln befreit; er wurde zu einer lebendigen Gestalt; er trat in die Gegenwart; er wurde ein Mensch unserer Zeit. Aber er blieb nicht stehen, sondern ging an unserer Zeit vorüber und kehrte in die seinige zurück. Es erwies sich, daß er kein Mensch unserer Tage war, sondern der Prophet von Nazareth, der die Sprache der Propheten des Alten Bundes sprach und den Gott des Alten Bundes predigte. Aber wir müssen nun das Bild von Schweitzer weiterführen. Er blieb auch nicht in seiner Zeit stehen, sondern trat auch aus seiner Zeit hinaus. Er blieb nicht der Rabbi von Nazareth, der Prophet des Spätjudentums. Er ging in die Ferne, trat in den Dämmerschein des Ostermorgens und wurde, wie Schweitzer im Schlußsatz seines Buches sagt, der Unbekannte und Namenlose, der das Wort spricht: Du aber folge mir nach![15]

3. Beschreiten wir den geschilderten Weg durch jene fünf Schutzwälle hindurch, die es uns verbieten, Jesus zu modernisieren und ihn nach unserem Bilde zu sehen, so ist das Ergebnis, daß wir auf einen einzigartigen Hoheitsanspruch stoßen, der die Schranken des Alten Testaments und des Judentums zerbricht. Überall stoßen wir

in der Verkündigung Jesu auf diesen letzten Anspruch, das heißt, wir stoßen auf denselben Glaubensanspruch, den das Kerygma an uns stellt. Es muß hier das Allersimpelste und Allerselbstverständlichste ausgesprochen werden, weil es nicht mehr selbstverständlich ist. Nämlich: jeder Satz der Quelle bezeugt es uns, jeder Vers unserer Evangelien hämmert es uns ein: es ist etwas geschehen, etwas Einmaliges, etwas noch nie Dagewesenes. Wir haben religionsgeschichtliche Parallelen und Analogien gehäuft. Das Monumentalwerk von Billerbeck ist unüberboten und auf lange Zeit unüberbietbar. Doch je mehr wir Analogien häuften, desto deutlicher trat nur hervor: Die Botschaft Jesu ist ohne Analogie. Es gibt keine Parallele zu dieser Botschaft Jesu, daß Gott es mit den Sündern zu tun haben will, nicht mit den Gerechten, und daß er ihnen schon jetzt Anteil an seiner Herrschaft gibt. Es gibt keine Parallele zur Tischgemeinschaft Jesu mit den Zöllnern und Sündern. Es gibt keine Parallele für die Vollmacht, die es wagen darf, Gott mit Abba anzureden. Wer allein die Tatsache anerkennt – und ich wüßte nicht, wie man sie bestreiten wollte –, daß das Wort „Abba" ipsissima vox Jesu ist, der steht, wenn er dieses Wort richtig versteht und nicht verharmlost, vor dem Hoheitsanspruch Jesu. Wer das Gleichnis vom verlorenen Sohn, das zum Urgestein der Überlieferung gehört, liest und dabei beachtet, daß Jesus mit diesem Gleichnis, in dem er die unbegreifliche vergebende Güte Gottes schildert, seine eigene Tischgemeinschaft mit den Zöllnern und Sündern rechtfertigt, der steht wieder vor dem Anspruch Jesu, als der Stellvertreter und Bevollmächtigte Gottes zu handeln[16]. So ließe sich Beispiel an Beispiel reihen, und das Ergebnis wäre immer wieder dasselbe: Wenn wir mit aller Zucht und Gewissenhaftigkeit die kritischen Mittel nützen, die uns an die Hand gegeben sind, stoßen wir beim Bemühen um den historischen Jesus immer wieder auf ein Letztes: Wir werden vor Gott selbst gestellt. Mit aller Klarheit bezeugen es die Quellen: Ein Mann ist aufgetreten, und die, die sich seiner Botschaft öffneten, waren gewiß, Gottes Wort zu hören. Es ist nicht so, als ob uns der Glaube abgenommen oder auch nur erleichtert würde, wenn die Exegese uns zeigt, wie hinter jedem Wort Jesu und jeder seiner Taten sein Hoheitsanspruch steht (wie könnte uns der Glaube abgenommen werden?). Wohl aber gilt, daß durch Jesu Worte und Taten auf Schritt und Tritt unausweichlich die Glaubensfrage gestellt wird. Wir müssen, wenn wir historisch an den Evangelien arbeiten, Stellung nehmen zu Jesu Hoheitsanspruch. Dieser Hoheitsanspruch ist der Anfang des Christentums; und darum ist die Bemühung um den historischen Jesus und seine Botschaft keine Randaufgabe der neutestamentlichen Forschung, keine Beschäftigung mit einem historischen Einzelproblem, das zahllose andere neben sich hat, sondern *die* zentrale Aufgabe der neutestamentlichen Forschung.

C. Die Frohbotschaft Jesu und die Verkündigung der Urkirche

Damit aber stehen wir vor einer letzten Frage. Wenn es zutrifft, daß die Frohbotschaft Jesu in Wort und Tat der Anfang des Christentums ist, dann erhebt sich die Frage: Wie verhalten sich Frohbotschaft Jesu und Glaubenszeugnis der Urkirche, vorösterliche und nachösterliche Verkündigung, Evangelium und Kerygma zueinander? Dazu ist zweierlei zu sagen.

1. Die Frohbotschaft Jesu und das Glaubenszeugnis der Urkirche gehören unlöslich zusammen. Keine von beiden Größen darf isoliert werden. Denn das Evangelium Jesu bleibt tote Historie ohne das Glaubenszeugnis der Kirche, die dieses Evangelium immer wieder weitergibt, bekennt und neu bezeugt. Aber auch das Kerygma kann nicht isoliert werden. Ohne Jesus und sein Evangelium verkündigt es eine Idee, ein Theorem. Wer die Verkündigung Jesu isoliert, endet beim Ebionitismus. Wer das Kerygma der Urkirche isoliert, endet beim Doketismus[17].

2. So gewiß beides zusammengehört, das Evangelium Jesu und das Glaubenszeugnis der Urkirche, und keine von beiden Größen isoliert werden darf, so steht doch – und auf diese Erkenntnis kommt es entscheidend an – beides nicht auf derselben Stufe. Das Evangelium Jesu und das Kerygma der Urkirche dürfen nicht nivelliert werden, sondern sie verhalten sich zueinander wie Ruf und Antwort. Das Leben, Wirken und Sterben Jesu, das Vollmachtswort dessen, der Abba sagen durfte, der in Gottes Auftrag die Sünder an seinen Tisch rief und der als der Gottesknecht ans Kreuz ging, ist der Ruf Gottes. Das Glaubenszeugnis der Urkirche, der geistgewirkte Chor der tausend Zungen, ist die Antwort auf Gottes Ruf. Die Alte Kirche brachte dieses Verhältnis gern zum Ausdruck in den Darstellungen der kosmischen Liturgie, die in der Mitte riesengroß den Gekreuzigten zeigen, zu dem rechts und links eine unübersehbare Schar auf Erden und im Himmel herzuströmt. Jesus von Nazareth, das besagen diese Darstellungen, ist der Ruf Gottes; das Bekenntnis zu

ihm ist die Antwort. Diese Antwort geht immer in zweifacher Richtung: Sie ist lobpreisende Anbetung Gottes und sie ist Zeugnis vor der Welt. Die Antwort ist vom Geiste Gottes gewirkt, aber sie steht dem Ruf nicht gleich. Das Entscheidende ist der Ruf, nicht die Antwort. Das vielfältige Glaubenszeugnis der Urgemeinde, des Paulus, des Johannes, des Hebräerbriefes ist zu messen an der Verkündigung Jesu.

Es geht bei unserem Protest gegen die Nivellierung von Evangelium und Kerygma um den Begriff der Offenbarung. Nach dem Zeugnis des Neuen Testaments ist der fleischgewordene Logos die Offenbarung Gottes, nur er. Die Verkündigung der Urkirche dagegen ist das geistgewirkte Zeugnis *von* der Offenbarung. Offenbarung geschieht, wenn eine überspitzte Formulierung erlaubt ist, nicht am Sonntag von 10 bis 11 Uhr. Golgatha ist nicht überall, sondern es gibt nur *ein* Golgatha, und es liegt vor den Toren Jerusalems[18]. Die Lehre von der revelatio continua, der fortdauernden Offenbarung, ist eine gnostische Irrlehre. Nein, die Verkündigung der Kirche ist, von allem Anbeginn an, nicht selbst Offenbarung, sondern nur Hinführung zu ihr. So jedenfalls hat Paulus die Aufgabe des Kerygma verstanden, wenn er den Inhalt seiner Missionspredigt in Galatien in den Satz zusammenfaßt, daß er den Galatern den gekreuzigten Christus vor Augen gemalt habe (Gal 3, 1, vgl. 1 Kor 2, 2).

Noch einmal: Die Verkündigung der Kirche ist nach dem Zeugnis des Neuen Testaments nicht Offenbarung, sondern sie will zur Offenbarung hinführen. Jesus ist der Herr. Der Herr steht über den Boten. Es gibt für den Glauben keine Autorität jenseits des Kyrios. Darum ist der historische Jesus nicht *eine* Voraussetzung unter vielen für das Kerygma, sondern *die eine* Voraussetzung des Kerygmas, so gewiß der Ruf die Voraussetzung ist für die Antwort und die Offenbarung die Voraussetzung ist für das Zeugnis von der Offenbarung. Nur der Menschensohn selbst und sein Wort können der Verkündigung Vollmacht geben. Niemand sonst und nichts sonst.

II. Das Vater-Unser im Lichte der neueren Forschung

Das Vater-Unser in der ältesten Kirche[19]

In der Passions- und Osterzeit des Jahres 350 hielt ein Jerusalemer Presbyter, Cyrill mit Namen, der ein Jahr darauf zum Bischof geweiht wurde, in der Grabeskirche seine berühmten 24 Katechesen. Diese Katechesen des Cyrill von Jerusalem, die uns durch das Stenogramm eines Hörers erhalten geblieben sind, zerfallen in zwei Teile. Diejenigen des ersten Teils bereiteten die Taufbewerber auf die Taufe vor, die sie in der Osternacht empfangen sollten; im Mittelpunkt dieser praebaptismalen[20] Katechesen stand die Auslegung des Glaubensbekenntnisses. Die letzten 5 Katechesen sind dagegen nach der Taufe gehalten, in der Osterwoche. Diese postbaptismalen[21] Katechesen belehrten die Neugetauften über die Sakramente, die sie empfangen hatten; sie hießen deshalb „mystagogische Katechesen"[22]. In der letzten der mystagogischen Katechesen erläutert Cyrill seinen Hörern die Liturgie des Abendmahlsgottesdienstes, insbesondere die dabei gesprochenen Gebete. Zu ihnen gehört auch das Vater-Unser.

Diese letzte (24.) Katechese des Cyrill von Jerusalem ist der älteste Beleg dafür, daß das Vater-Unser regelmäßig im Gottesdienst verwendet wurde. Dabei ist die Stelle des Gottesdienstes zu beachten, an der das Vater-Unser gebetet wurde: es geschah unmittelbar vor der Kommunion. Als Bestandteil der Abendmahlsliturgie gehörte das Vater-Unser zu demjenigen Teil des Gottesdienstes, an dem nur die Getauften teilnehmen durften, zu der sogenannten *missa fidelium*[23].

Was wir für Jerusalem feststellten, gilt für die ganze alte Kirche. Überall war das Vater-Unser Bestandteil der Abendmahlsfeier und überall gehörte es, zusammen mit dem Glaubensbekenntnis, zu denjenigen Stücken, in denen die Taufbewerber unterrichtet wurden, entweder vor der Taufe oder, wie wir bei Cyrill sahen, in den Tagen unmittelbar nach der Taufe. Bitte für Bitte wurde das Herrengebet erläutert und sodann das Ganze in einer Ansprache zusammengefaßt. So lernten die Taufbewerber bzw. die Neugetauften das Vater-Unser auswendig. Sie durften es erstmalig in ihrem ersten Abendmahlsgottesdienst mitbeten, der sich an die Taufe anschloß. Weil das Vorrecht, das Vater-Unser zu beten, den getauften Gliedern der Kirche vorbehalten war, hieß es das „Gebet der Glaubenden". Gehen wir weiter zurück. Es scheint auf den ersten Blick, als ob wir ein ganz anderes Bild erhalten, wenn wir uns der Didache, der Zwölf-Apostel-Lehre, zuwenden, der ältesten Kirchenordnung, deren Grundstock von ihrem neuesten Kommentator – vielleicht etwas allzu optimistisch – der Zeit um 50–70 n. Chr. zugewiesen wird[24], aber wohl doch noch in das erste nachchristliche Jahrhundert gehört. In der Didache wird das Vater-Unser in Kap. 8, 2 wörtlich zitiert, eingeleitet durch die Wendung: „Ihr sollt nicht beten wie die Heuchler, sondern wie es der Herr in seinem Evangelium befohlen hat, so sollt ihr beten." Abgeschlossen wird das Vater-Unser durch eine zweigliedrige Doxologie[25]: „Denn dein ist die Kraft und die Herrlichkeit in Ewigkeit." Es folgt dann in Kap. 8, 3 die Anweisung: „Dreimal täglich sollt ihr so beten." Hier, in der Frühzeit, wird also der regelmäßige Gebrauch des Vater-Unsers vorausgesetzt, ohne daß ein Zusammenhang mit den Sakramenten sichtbar wird. Indes, dieser Eindruck ist falsch. Dies wird deutlich, wenn man auf die Stelle achtet, an der das Vater-Unser in der Didache steht[26]. Die Didache beginnt in Kap. 1–6 mit der Belehrung über die beiden Wege, den Weg zum Leben und den Weg zum Tode; diese Belehrung gehörte offenbar zum Unterricht der Taufbewerber. Kap. 7 handelt dann von der Taufe, und jetzt erst folgen diejenigen Abschnitte, die für die Getauften wichtig sind: Fasten und Beten (einschließlich Vater-Unser) in Kap. 8, das Herrenmahl in Kap. 9–10, und Kirchenorganisation und Kirchenzucht in Kap. 11–15. Für unsere Betrachtung ist wichtig, daß Vater-Unser und Herrenmahl auf die Taufe folgen. Damit bestätigt sich, was wir eingangs feststellten: in der alten Kirche war das Vater-Unser – wie wir jetzt hinzufügen können, schon seit dem ersten Jahrhundert – nur für diejenigen bestimmt, die Vollglieder der Kirche waren.

Wir stehen vor einem wichtigen Tatbestand: Während wir gewohnt sind, das Vater-Unser als selbstverständlichen Allgemeinbesitz aller zu betrachten, war es in der ältesten Kirche anders. Damals gehörte das Vater-Unser zu den heiligsten Schätzen der Kirche, die nur ihren Vollgliedern vorbehalten waren und den Draußenstehenden nicht preisgegeben wurden. Es war ein Vorrecht, das Gebet des Herrn sprechen zu dürfen. Mit welcher Scheu und Ehrfurcht man das Vater-Unser umgab, das zeigen besonders deutlich die in alte Zeit zurückgehenden Einleitungsformeln, die wir sowohl in den Liturgien des Ostens wie in denen des Westens finden. Im Osten betet der Priester in der sogenannten Chrysostomus-Liturgie, der auch heute noch bei den griechisch- und russisch-orthodoxen Christen gebräuchlichen Form des Abendmahlsgottesdienstes, zur Einleitung des Vater-Unsers: „Und würdige uns, o Herr, daß wir es freudig und unvermessen *wagen,* dich, den himmlischen Gott, als Vater anzurufen und zu sprechen: Unser Vater." Ähnlich heißt es im Westen in der römischen Messe: „Wir *wagen* es zu sagen *(audemus dicere):* Unser Vater."

Diese scheue Ehrfurcht vor dem Vater-Unser ist ein Besitz der alten Kirche gewesen, der uns heute leider weithin verlorengegangen ist. Das sollte uns beunruhigen. Wir wollen uns daher die Frage stellen, ob wir noch ermitteln können, weshalb die älteste Kirche das Vater-Unser mit solcher Ehrfurcht umgab, daß sie sagte: „Wir wagen es zu sagen: Unser Vater." Vielleicht ahnen wir wieder etwas vom Grund dieser Scheu, wenn wir, so gut wir können, mit Hilfe der Ergebnisse der neueren neutestamentlichen Forschung zu ermitteln suchen, wie Jesus selbst die Worte des Vater-Unsers gemeint hat.

A. *Der älteste Text des Vater-Unsers*

Zunächst müssen wir eine Vorfrage klären, nämlich die Frage nach dem ältesten Text des Vater-Unsers. Das Vater-Unser ist uns im Neuen Testament an zwei Stellen überliefert: Bei Mattäus in der Bergpredigt (Mt 6, 9–13) und bei Lukas im 11. Kapitel (Lk 11, 2–4). In den Ausgaben der Lutherbibel einschließlich der Revision von 1956 stimmen die beiden Fassungen (bis auf geringfügige Abweichungen und das Fehlen der Doxologie bei Lukas) miteinander überein. In der Zürcher Bibel und in der neuen englischen Bibelübersetzung lesen wir dagegen Lk 11, 2–4 eine Fassung des Vater-Unsers, die kürzer ist als diejenige des Mattäus. Bekanntlich ist in den letzten 120 Jahren die Erforschung des ältesten Textes des Neuen Testaments zunächst in Deutschland, dann in England, und in jüngster Zeit auch in Amerika, mit großer Energie betrieben worden. Anlaß dazu gab die Entdeckung zahlreicher, zum Teil sehr alter Handschriften des Neuen Testaments; die Liste allein der griechischen Handschriften des Neuen Testaments nähert sich der Zahl 5000. Durch Vergleich und Gruppierung derselben gelang es, einen älteren Text zu erarbeiten, als Luther ihn besaß. Während Luther etwa die Textgestalt vorlag, wie sie sich Ende des 4. Jahrhunderts in der byzantinischen Kirche herausgebildet hatte, kennen wir heute den Text etwa des 2. Jahrhunderts, und man wird ohne Übertreibung sagen können, daß dieses Forschungskapitel im wesentlichen abgeschlossen ist und wir heute den bestmöglichen Text des Neuen Testaments wiedergewonnen haben. Hinsichtlich des Vater-Unsers war folgendes das Ergebnis: Zur Zeit der Abfassung des Mattäus- und Lukasevangeliums, also um 75–85 n. Chr., wurde das Vater-Unser in zwei Fassungen überliefert, die im Entscheidenden miteinander übereinstimmten, sich aber dadurch unterschieden, daß die eine länger (Mt 6, 9–13, mit unwesentlichen Abweichungen auch Didache 8, 2), die andere kürzer (Lk 11, 2–4) war.

Während die Mattäus-Fassung mit der uns geläufigen 7-Bitten-Fassung übereinstimmt (nur die Doxologie fehlte, darüber siehe S. 39), hat die Lukas-Fassung nach den ältesten Handschriften nur fünf Bitten. Sie lautet:

„Vater,

Geheiligt werde dein Name.

Dein Reich komme.

Unser Brot für morgen gib uns jeden Tag.

Und vergib uns unsre Sünden, denn auch wir vergeben einem jeden, der uns etwas schuldig ist.

Und laß uns nicht der Anfechtung erliegen."

Zwei Fragen erheben sich angesichts dieser Feststellung: 1. Wie kommt es, daß das Vater-Unser um 75 n. Chr. in zwei voneinander abweichenden Fassungen überliefert und gebetet wurde? Und 2. Welche der beiden Fassungen hat als die ursprüngliche zu gelten?

1. Die zwei Fassungen: Die Antwort auf die erste Frage, wie es sich erklärt, daß das Vater-Unser in zwei Fassungen umlief, ergibt sich, wenn wir den Zusammenhang betrachten, in dem das Vater-Unser bei Mattäus und Lukas steht. Bei beiden Evangelisten steht nämlich das Vater-Unser mit Worten Jesu zusammen, die vom Gebet handeln.

Bei Mattäus lesen wir in dem Abschnitt 6, 1–18 eine Auseinandersetzung mit der Frömmigkeitsübung der pharisäischen Laienkreise. Der Herr tadelt es, daß sie ihr Almosengeben (6, 2–4), ihr Beten (6, 5. 6) und ihr Fasten (6, 16–18) in der Öffentlichkeit zur Schau und damit in den Dienst ihres Geltungsbedürfnisses und ihrer Eitelkeit stellen. Demgegenüber fordert er von seinen Jüngern, daß ihr

Almosengeben, ihr Beten und Fasten im Verborgenen geschehen solle, so daß nur Gott es sieht. Die drei Abschnitte sind symmetrisch aufgebaut: jeweils wird in zwei Wenn-Sätzen falsches und rechtes Handeln einander gegenübergestellt. Der mittlere Abschnitt, der vom Beten handelt (6, 5. 6), ist nun aber durch drei weitere Worte Jesu über das Beten erweitert, so daß folgender Zusammenhang entstand:

a) Den Grundstock bildete die Mahnung Jesu, daß die Jünger es nicht so machen sollen wie die Pharisäer, die es so einrichten, daß sie sich mitten im Marktgewühle befinden, wenn Trompetenstöße vom Tempel her die Gebetsstunde ankündigen, so daß sie, scheinbar überrascht, im Menschengedränge beten müssen; nein, Jesu Jünger sollen hinter verschlossener Tür beten, und wäre es in einem so profanen Raum wie der Vorratskammer [„Kämmerlein"] (6, 5. 6).

b) Hieran ist die Mahnung Jesu geknüpft, nicht zu plappern wie die Heiden; als Kinder des himmlischen Vaters haben seine Jünger es nicht nötig, viele Worte zu machen (6, 7. 8).

c) Es folgt das Vater-Unser als ein Beispiel für kurzes Beten (6, 9–13); in der Tat unterscheidet sich das Herrengebet von den meisten Gebeten des Spätjudentums durch seine Kürze.

d) Betont am Schluß steht ein Wort Jesu über die rechte Gebetsgesinnung, das an die Vergebungsbitte anknüpft: Nur wer bereit ist, selbst zu vergeben, hat das Recht, Gott um Vergebung zu bitten (6, 14. 15). Wir haben also in Mt 6, 5–15 einen Gebetskatechismus aus Worten Jesu vor uns, der im Unterricht der Neugetauften verwendet worden sein wird.

Auch bei Lukas steht das Vater-Unser in einem solchen Gebetskatechismus (Lk 11, 1–13). Wir ersehen daraus, wie wichtig es der ältesten Kirche war, ihre Glieder zum rechten Beten zu erziehen. Bei Lukas ist der Gebetskatechismus jedoch ganz anderer Art als bei Mattäus. Er ist ebenfalls vierteilig:

a) Vorangestellt ist das Bild des betenden Herrn als Vorbild alles christlichen Betens und die Bitte der Jünger: „Herr, lehre uns beten" (11, 1); Jesus erfüllt diese Bitte mit dem Vater-Unser (11, 2–4).

b) Hieran schließt sich das Gleichnis vom bittenden Freund, das im jetzigen Zusammenhang eine Mahnung darstellt, am Gebet anzuhalten, auch wenn es nicht gleich erhört wird (11, 5–8).

c) Es folgt die gleiche Mahnung im Imperativ: „Bittet, so wird euch gegeben" (11, 9. 10), und den Abschluß bildet

d) das Bildwort vom Vater, der seinen Kindern gute Gaben gibt (11, 11–13).

Die Verschiedenheit dieser beiden Anleitungen zum Beten erklärt sich daraus, daß sie für ganz verschiedene Menschen bestimmt sind. Der Gebetskatechismus des Mattäus redet Menschen an, die von Kindheit an zu beten gelernt haben, deren Beten aber in Gefahr steht, zur Routine zu werden. Der lukanische Gebetskatechismus hingegen redet Menschen an, die erst das Beten lernen müssen und denen Mut zum Beten gemacht werden muß. Kein Zweifel: Mattäus überliefert uns einen für Judenchristen, Lukas einen für Heidenchristen bestimmten Gebetsunterricht. Um 75 n. Chr. ist also das Vater-Unser in der gesamten Christenheit fester Bestandteil der Gebetsunterweisung, sowohl in der judenchristlichen wie in der heidenchristlichen Kirche. Beide Kirchen, so verschieden ihre Lage auch war, waren darin einig, daß ein Christ am Vater-Unser beten lernte.

Für unsere Frage, wie es sich erklärt, daß wir bei Mattäus und Lukas zwei voneinander abweichende Fassungen des Vater-Unsers vorfinden, ergibt sich, daß die Abweichungen keinesfalls auf die Eigenwilligkeit der Evangelisten zurückgeführt werden dürfen – kein Autor hätte es gewagt, das Herrengebet willkürlich zu verändern –, sondern daß sich die Abweichungen aus dem verschiedenen „Sitz im Leben" erklären: Wir haben den Gebetswortlaut zweier Kirchen vor uns. Jeder der Evangelisten überliefert uns den Wortlaut des Vater-Unsers so, wie es zu seiner Zeit in seiner Kirche gebetet wurde.

2. Die ursprüngliche Fassung: Jetzt können wir die zweite Frage beantworten: Welche der beiden Fassungen hat als die ursprüngliche zu gelten?

Vergleichen wir die beiden Fassungen miteinander, so ergibt sich als der auffälligste Unterschied, daß die lukanische Fassung (s. o. S. 23) kürzer ist als die des Mattäus, und zwar an drei Stellen. Zunächst: Die Anrede lautet bei Lukas ganz kurz „Vater", oder richtiger: „lieber Vater"; sodann: bei Mattäus folgt auf die beiden ersten Bitten, die Du-Bitten, noch eine dritte Du-Bitte: „Dein Wille geschehe wie im Himmel so auf Erden"; und schließlich: bei Mattäus wird die letzte Bitte „und laß uns nicht der Anfechtung erliegen" noch durch eine Antithese fortgeführt: „sondern erlöse uns von dem Bösen". Die entscheidende Feststellung, die sich bei dem Vergleich der beiden Fassungen ergibt, ist damit aber noch nicht genannt. Sie lautet: die lukanische Kurzform ist in der Mattäus-Fassung vollständig enthalten. Nach allem, was wir über die Gesetzmäßigkeit der Überlieferung liturgischer Texte wissen, hat in einem solchen Fall, in dem die kürzere Fassung in der längeren enthalten ist, die kürzere als die ursprüngliche zu gelten. Wer sollte es gewagt haben, zwei Bitten des Vater-Unsers zu streichen, wenn sie zum ältesten Überlieferungsbestand gehörten? Dagegen ist das Umgekehrte, daß liturgische Texte in der Frühzeit, ehe eine Verfestigung der Formulierung eintritt, ausgestaltet, erweitert, angereichert wurden, vielfältig belegt. Dieser Schluß, daß die Mattäus-Fassung eine Erweiterung darstellt, wird durch weitere Beobachtungen bestätigt. Einmal finden sich die drei Mattäus-Überschüsse jeweils am Schluß, nämlich am Schluß der Anrede, am Schluß der Du-Bitten und am Schluß der Wir-Bitten; das entspricht genau dem, was wir auch sonst beim Wachstum liturgischer Texte beobachten: sie lieben den volltönenden Abschluß. Weiter ist bezeichnend, daß bei Mattäus der stilistische Aufbau stärker durchgegliedert ist: den drei Wir-Bitten (die 6. und 7. Mattäus-Bitte hat man als *eine* Bitte empfunden) entsprechen bei ihm drei Du-Bitten, und die bei Lukas durch ihre Kürze abrupt wirkende 3. Wir-Bitte ist bei Mattäus in der Länge und Zweiteiligkeit den beiden ersten Wir-Bitten angeglichen (über die Zweiteiligkeit der Brotbitte s. u. S. 36). Dieses Bestreben, den Gleichklang der Glieder (Parallelismus membrorum) herzustellen, ist ein Kennzeichen der liturgischen Überlieferung; man kann das besonders gut am Vergleich der verschiedenen Fassungen des Einsetzungsberichtes des Abendmahls beobachten. Schließlich spricht für die Ursprünglichkeit der Lukas-Verfassung auch die Wiederkehr der kurzen Anrede „lieber Vater" (Abba) in den Gebeten der ältesten Christen, wie wir aus Röm 8, 15 und Gal 4, 6 sehen; Mattäus hat eine volltönende Anrede „unser Vater, der du im Himmel bist", wie sie frommer jüdisch-palästinischer Sitte entsprach.

So werden wir also in dem gemeinsamen Bestand, d. h. in der Lukas-Fassung, den ältesten Text zu erblicken haben. Die heidenchristliche Kirche hat ihn uns aufbewahrt, während die judenchristliche Kirche, die aus einer Welt reicher liturgischer Schätze und vielfältiger liturgischer Gebetsübung kam, das Vater-Unser ausgestaltete[27]. Weil der von Mattäus überlieferte Text der reicher ausgestaltete war, hat er sich sehr bald in der ganzen Kirche durchgesetzt; wir sahen S. 23, daß auch die Didache ihn bietet. Freilich wird man hier mit Schlüssen vorsichtig sein müssen. Die Möglichkeit, daß Jesus selbst bei verschiedenen Gelegenheiten seinen Jüngern das Vater-Unser in verschiedener Fassung – einer kürzeren und einer etwas längeren – gegeben haben könnte, ist nicht von vornherein auszuschließen. Mit alledem ist nun aber die Frage nach der ursprünglichen Fassung des Vater-Unsers noch nicht vollständig beantwortet. Wir haben bisher nur auf die verschiedene Länge der beiden Fassungen geachtet; diese weisen jedoch auch im gemeinsamen Wortlaut einige – freilich nicht sehr bedeutsame – Unterschiede auf, und zwar im zweiten Teil, in den Wir-Bitten. Diesen Unterschieden müssen wir uns noch kurz zuwenden.

Die *Brotbitte* lautet bei Mattäus: „Unser Brot für morgen gib uns heute", wobei die Gegenüberstellung „morgen – heute", wie wir noch sehen werden, den ganzen Ton trägt. Bei Lukas heißt es dagegen: „Unser Brot für morgen gib uns jeden Tag." Das „heute" ist also auf jeden Tag ausgedehnt; die Bitte ist dadurch erweitert, was zur Folge hatte, daß die Antithese „morgen – heute" fortfiel; außerdem mußte im Griechischen das Wort „gib" mit dem Imperativ des Präsens ausgedrückt werden, während sonst durchweg im Vater-Unser der Imperativ der Vergangenheit (Aorist) steht. Aus alledem ergibt sich, daß die Mattäus-Fassung der Brotbitte die ältere ist. In der *Vergebungsbitte* heißt es bei Mattäus: „Vergib uns unsere Schulden, bei Lukas dagegen: „Vergib uns unsere Sünden". Nun muß man wissen, daß es eine Eigenart der Muttersprache Jesu, des Aramäischen, ist, daß man für Sünde das Wort „choba" gebrauchte, das eigentlich die Geldschuld bezeichnet. Mattäus übersetzt das Wort ganz wörtlich mit „Schulden" und läßt auf diese Weise erkennen, daß das Vater-Unser auf einen aramäischen Wortlaut zurückgeht. In der lukanischen Fassung ist das Wort „Schulden", das im Griechischen zur Bezeichnung der Sünde unbekannt war, durch das geläufige griechische Wort für Sünde ersetzt; sie läßt aber im Nachsatz („denn auch wir vergeben einem jeden, der uns etwas schuldig ist") erkennen, daß es auch im Vordersatz ursprünglich „Schulden" hieß. Auch in diesem Fall hat also Mattäus den älteren Wortlaut. Das gleiche Bild ergibt sich, wenn man noch einen letzten Untersiched im Wortlaut ins Auge faßt. Bei Mattäus lesen wir (wörtlich übersetzt): „wie auch wir denen vergeben *haben,* die uns etwas schuldig sind", während es bei Lukas heißt: „denn auch wir *vergeben* einem jeden, der uns etwas schuldig ist". Wenn wir fragen, welche Formulierung die ältere ist (die Vergangenheitsform des Mattäus oder die Gegenwartsform des Lukas), so ist davon auszugehen, daß Mattäus die schwierigere Fassung bietet; denn sein Wortlaut („wie wir vergeben *haben*") könnte den irrigen Anschein erwecken, als ob unser Vergeben nicht nur dem Vergeben Gottes vorausgehen müsse, sondern als ob es geradezu das Vorbild darstelle für Gottes Vergebung: vergib uns so, wie wir vergeben haben. In Wahrheit liegt jedoch der Vergangenheitsform des Mattäus im Aramäischen ein sogenanntes Perfectum praesens zugrunde, das eine hier und jetzt eintretende Handlung bezeichnet. Die richtige Übersetzung der Mattäus-Fassung hat also zu lauten: „wie auch wir *hiermit* denen vergeben, die uns etwas schuldig sind". Die lukanische Fassung hat durch die Wahl des Präsens bei den griechisch sprechenden Christen ein Mißverständnis ausschließen wollen, indem sie (sachlich richtig) sagt: „denn auch wir vergeben einem jeden, der uns etwas schuldig ist". Außerdem ist in der von Lukas gebotenen Fassung die Vergebungsbitte durch den Zusatz „einem jeden" erweitert, der eine Verschärfung darstellt, indem er betont, daß es keine Ausnahme geben dürfe bei unserem Vergeben.

Der Vergleich des Wortlautes der beiden Fassungen des Vater-Unsers zeigt also, daß die von Lukas überlieferte gegenüber derjenigen des Mattäus an einigen Stellen leicht dem griechischen Sprachgebrauch angeglichen ist. Aufs Ganze gesehen ist unser Ergebnis dahin zusammenzufassen, daß die Lukas-Fassung in bezug auf die *Länge* die älteste Form erhalten hat, daß der Mattäus-Text jedoch hinsichtlich des gemeinsamen *Wortlautes* ursprünglicher ist.

Bei der Betrachtung der Vergebungsbitte hatten wir eben gesehen, daß Mattäus durch die Wendung „unsere Schulden" zu erkennen gibt, daß das Vater-Unser, das uns ja nur griechisch erhalten ist, auf einen aramäischen Urtext zurückgeht. Diese Feststellung wird, wie wir noch sehen werden, dadurch bestätigt, daß die beiden Du-Bitten an ein aramäisches Gebet, das Qaddiš, anknüpfen. Versucht man, das Vater-Unser in die Muttersprache Jesu zurückzuübersetzen, so ergibt sich, daß es, ähnlich wie der Psalter, stilistisch in liturgischer Sprache gehalten ist. Auch der Leser des folgenden Rückübersetzungsversuches, dem die semitischen Sprachen nicht vertraut sind, kann mühelos die Kennzeichen dieser feierlichen Sprache erkennen: den Aufbau im Parallelismus und den Zweiheber-Rhythmus; auch der Reim in der 2. und 4. Zeile wird kaum Zufall sein.

Folgendermaßen etwa hat das Vater-Unser in Jesu-Munde geklungen (die Akzente kennzeichnen den Zweiheber-Rhtyhmus):

'Abbá
jitqaddáš šᵉmák / teté malkuták
lachmán dᵉlimchár / hab lán joma dén
ušᵉboq lán chobaín / kᵉdišᵉbáqnan lᵉchajjabaín
wᵉla taʿelínnan lᵉnisjón.

B. Der Sinn des Vater-Unsers

Lukas berichtet uns, daß Jesus das Vater-Unser den Jüngern aus einem ganz bestimmten Anlaß gegeben habe: „Einmal betete Jesus an einer Stätte. Als er sein Gebet beendet hatte, sagte einer seiner Jünger zu ihm: ‚Herr, lehre uns beten, wie Johannes seine Jünger lehrte'" (Lk 11, 1). Daß der ungenannte Jünger sich auf das Vorbild des Täufers beruft, ist deshalb wichtig für das Verständnis des Vater-Unsers, weil wir wissen, daß zur Zeit Jesu die eigene Gebetssitte und Gebetsordnung Kennzeichen der einzelnen religiösen Gruppen waren. So war es bei den Pharisäern, bei den Essenern und, wie wir aus Lk 11, 1 erfahren, auch bei den Johannesjüngern. Die besondere Gebetssitte war Ausdruck des besonderen Gottesverhältnisses, das die einzelnen zusammenschloß. Die Bitte Lk 11, 1 zeigt also, daß die Jünger Jesu sich als Gemeinde, nämlich als die Gemeinde der Heilszeit, wußten und daß sie von Jesus ein Gebet erbitten, das sie zusammenschließen und kennzeichnen soll, indem es ihr zentrales Anliegen zum Ausdruck bringt. In der Tat ist das Vater-Unser die klarste und trotz ihrer Knappheit inhaltsreichste Zusammenfassung der Verkündigung Jesu, die wir besitzen. Mit der Übergabe des Vater-Unsers an die Jünger beginnt das Beten in Jesu Namen (Joh 14, 13 f; 15, 16; 16, 23)[28].
Die Gliederung des Vater-Unsers ist schlicht und durchsichtig. Wir geben noch einmal den vermutlich ältesten Wortlaut (Kurzfassung nach Lukas, aber bei den geringfügigen Abweichungen Wortlaut nach Mattäus):

„Lieber Vater,
Geheiligt werde dein Name.
Dein Reich komme.
Unser Brot für morgen
gib uns heute.
Und vergib uns unsere Schulden,
wie auch wir hiermit unseren Schuldnern vergeben.
Und laß uns nicht der Anfechtung erliegen."

Danach ist der Aufbau: 1. die Anrede; 2. zwei (bei Mattäus drei) Du-Bitten im Parallelismus; 3. zwei Wir-Bitten im Parallelismus; 4. die Schlußbitte. Dabei achten wir auf eine scheinbar unbedeutende Kleinigkeit: Während die beiden Du-Bitten ohne ein „und" nebeneinandergestellt sind, sind die beiden parallelen Wir-Bitten durch ein „und" verbunden.

1. *Die Anrede „Lieber Vater":* Wenn man die Geschichte der Anrede Gottes als Vater von ihren ältesten Anfängen an verfolgt, hat man das Gefühl, in ein Bergwerk zu steigen, in dem sich immer wieder unerwartete und neue Schätze in der Tiefe auftun. Es ist erstaunlich, wenn man sieht, daß schon im Alten Orient, und zwar bereits im 3. und 2. Jahrtausend v. Chr., die Gottheit als Vater angeredet wurde. In Gebeten der Sumerer, lange vor den Tagen Moses und der Propheten, finden wir zuerst die Vater-Anrede, und schon hier bezeichnet das Wort „Vater" die Gottheit nicht nur als Ahnherrn des Königs und des Volkes und als mächtigen Gebieter, sondern auch als den „barmherzigen, gnädigen Vater, in dessen Hand das Leben des ganzen Landes liegt" (Hymnus aus Ur an den Mondgott Sin). Das Wort „Vater" in der Anwendung auf Gott umschließt also für den Orientalen seit ältester Zeit etwas von dem, was bei uns die Mutter bedeutet.

Wenn wir uns dem Alten Testament zuwenden, so finden wir, daß Gott nur selten als Vater bezeichnet wird, nämlich nur an 14, freilich sehr wichtigen Stellen. Gott ist Israels Vater, aber nicht mehr mythologisch als der Ahnherr, sondern als der, der Israel befreite, errettete und erwählte, durch mächtige Taten in der Geschichte. Ihre volle Entfaltung erfährt die Vater-Bezeichnung Gottes im Alten Testament aber erst in der prophetischen Botschaft. Immer wieder müssen die Propheten das Gottesvolk anklagen, daß es Gott nicht die Ehre gegeben hat, die ein Sohn seinem Vater schuldig ist:

> „Ein Sohn ehrt seinen Vater
> und ein Diener seinen Herrn.
> Nun wohl, wenn ich Vater bin, wo ist meine Ehre?
> Und wenn ich Herr bin, wo ist die Furcht vor mir?
> – spricht der Herr Zebaoth"

(Mal 1, 6; vgl Dtn 32, 5. 6; Jer 3, 19 f).
Israels Antwort auf diese Klage ist das Bekenntnis der Sünde und der immer wiederholte Schrei: „Du bist doch unser Vater" (Jes 63,

15 f; 64, 7 f; Jer 3, 4). Gottes Antwort auf diesen Schrei ist eine unbegreifliche Vergebung:

> „Ist nicht Ephraim mein teurer Sohn,
> ist er nicht mein Lieblingskind? . . .
> Mein Herz stürmt ihm entgegen,
> ich muß mich seiner erbarmen,
> – spricht der Herr" (Jer 31, 20).

Kann es Tieferes geben als dieses Muß des unbegreiflichen vergebenden Erbarmens?

Wenn wir uns der Verkündigung Jesu zuwenden, so muß die Antwort lauten: Ja, hier stehen wir vor etwas völlig Neuem, dem Wort „Abba". Aus dem Gethsemane-Gebet Mk 14, 36 erfahren wir, daß Jesus Gott mit diesem Wort angeredet hat, und diese Angabe wird nicht nur durch Röm 8, 15 und Gal 4, 6 bestätigt, sondern auch durch ein merkwürdiges Schwanken des Vokativs „Vater" im griechischen Text der Evangelien, das sich nur durch ein an allen Stellen zugrunde liegendes aramäisches „Abba" erklären läßt. Eine Überprüfung der noch wenig erforschten großen und reichen jüdischen Gebetsliteratur führt zu dem Ergebnis, daß sich nirgendwo in ihr ein Beleg für die Gottesanrede „Abba" findet. Wie erklärt sich das? Die Kirchenväter Chrysostomus, Theodor von Mopsuestia und Theodoret von Cyrus, die aus Antiochia stammten, wo die Bevölkerung den westsyrischen Dialekt des Aramäischen sprach, bezeugen übereinstimmend, daß „Abba" die Anrede des Kleinkindes an den Vater war. Der Talmud bestätigt das, wenn er sagt: „Wenn ein Kind den Geschmack des Getreides kostet (d. h. wenn es entwöhnt wird), lernt es ‚abba' und ‚imma' (‚lieber Vater', ‚liebe Mutter') sagen[29]." „Abba, imma" sind also die ersten Laute, die das Kind plappert. Doch blieb diese Anrede nicht auf die Kleinkinder beschränkt, sondern auch die erwachsenen Söhne und Töchter redeten ihre Eltern so an. „Abba" war familiäre Sprache, ein Alltagswort. Niemand würde es gewagt haben, Gott so anzureden. Jesus tut es immer, in allen seinen Gebeten, die uns überliefert sind, mit alleiniger Ausnahme des Kreuzesrufes „Mein Gott, mein Gott, warum hast du mich verlassen" (Mk 15, 34; Mt 27, 46), in dem die Gottesanrede durch das Schriftzitat Ps 22, 2 vorgegeben war. Jesus hat also mit Gott so geredet, wie das Kind mit seinem Vater, so schlicht, so innig, so geborgen. Aus Mt 11, 27 ersehen wir, daß Jesus die Gottesanrede „Abba" als Ausdruck seiner einzigartigen, ihm vom Vater geschenkten Gotteserkenntnis und Vollmacht ansah. In diesem „Abba" äußert sich das letzte Geheimnis seiner Sendung. Er, dem der Vater die volle Gotteserkenntnis geschenkt hatte, hatte das messianische Vorrecht, ihn mit der vertraulichen Sohnesanrede anzureden. Dieses „Abba" ist *ipsissima vox Jesu* und enthält im Kern seinen Sendungsanspruch und seine Botschaft.

Aber auch damit ist das Allerletzte noch nicht gesagt. Im Vater-Unser ermächtigt Jesus seine Jünger, ihm das „Abba" nachzusprechen. Er gibt ihnen Anteil an seiner Sohnesstellung und erlaubt ihnen, als seine Jünger mit ihrem himmlischen Vater so vertrauensvoll zu reden wie das Kind mit seinem Vater. Ja, er geht so weit zu sagen, daß erst das Kindesverhältnis die Tür zur Gottesherrschaft öffnet: „Amen, ich sage euch: Wenn ihr nicht wieder[30] wie Kinder werdet, so werdet ihr nicht Einlaß finden in die Königsherrschaft Gottes" (Mt 18, 3). Kinder können „Abba" sagen! Nur wer sich das kindliche Vertrauen, das in dem Wort „Abba" liegt, schenken läßt, findet zur Königsherrschaft Gottes. So hat auch der Apostel Paulus es verstanden, wenn er zweimal sagt, daß es das Zeichen der Kindschaft und des Geistbesitzes sei, daß ein Mensch ruft: „Abba, lieber Vater" (Röm 8, 15; Gal 4, 6). Vielleicht ahnen wir an dieser Stelle etwas davon, warum das Sprechen des Vater-Unsers für die älteste Kirche nicht selbstverständlich war und warum sie mit solcher Scheu und Ehrfurcht sagte: „Würdige uns, o Herr, daß wir es freudig und unvermessen wagen, dich, den himmlischen Gott, als Vater anzurufen und zu sprechen: Unser Vater."

2. *Die beiden Du-Bitten:* Die ersten Worte, die das Kind zu seinem himmlischen Vater sagt, lauten: „Geheiligt werde dein Name. Dein Reich komme." Diese beiden Bitten sind nicht nur formal parallel gebaut, sondern entsprechen einander auch inhaltlich. Sie knüpfen an das Qaddiš an, das Heilig-Gebet, ein altes aramäisches Gebet, mit dem der Synagogendienst schloß und das Jesus wahrscheinlich seit Kindestagen geläufig war. Die mutmaßlich älteste Fassung dieses (später erweiterten) Gebetes lautet:

„Verherrlicht und geheiligt werde sein großer Name
in der Welt, die er nach seinem Willen schuf.
Es herrsche seine Königsherrschaft
zu euren Lebzeiten und in euren Tagen und zu Lebzeiten
des ganzen Hauses Israel in Eile und Bälde.
Und darauf saget: Amen."

Aus der Anknüpfung an das Qaddiš wird es sich erklären, daß die beiden Du-Bitten (im Unterschied zu den zwei parallelen Wir-Bitten) unverbunden nebeneinander stehen; denn im ältesten Text des Qaddiš scheinen die beiden Bitten um die Heiligung des Namens und das Kommen des Reiches nicht durch ein „und" verbunden gewesen zu sein.

Der Vergleich mit dem Qaddiš zeigt, daß die beiden Bitten die Offenbarung der endzeitlichen Königsherrschaft Gottes erflehen. Zu jedem Herrschaftsantritt eines irdischen Herrschers gehört die Huldigung in Wort und Geste. So wird es sein, wenn Gott seine Herrschaft antritt. Dann wird man ihm huldigen mit der Heiligung seines Namens: „Heilig, heilig, heilig ist der Herr, der allmächtige Gott, der da war, der da ist und der da kommt" (Offb 4, 8), und dann wird sich ihm, dem König der Könige, alles zu Füßen werfen: „Wir danken dir, Herr, allmächtiger Gott, der da ist und der da war, daß du deine gewaltige Macht gebraucht hast und König geworden bist" (Offb 11, 17). Beide Du-Bitten, denen bei Mattäus noch eine dritte, inhaltlich gleichbedeutende hinzugefügt ist („Dein Wille geschehe wie im Himmel, so auch auf Erden"), erflehen also die Endvollendung, die Stunde, in der Gottes entheiligter und mißbrauchter Name verherrlicht werden wird und seine Herrschaft sich offenbaren wird, nach der Verheißung: „Ich will meinen großen Namen, der unter den Heiden entheiligt ist, weil ihr ihn unter ihnen entheiligt habt, wieder zu Ehren bringen, damit die Heiden erkennen, daß ich der Herr bin – spricht Gott der Herr –, wenn ich mich vor ihren Augen an euch als der Heilige erweise" (Ez 36, 23). Diese Bitten sind ein Ruf aus der Tiefe der Not. Aus einer Welt, die versklavt ist unter die Herrschaft des Bösen und in der Christus und Antichristus im Kampfe stehen, rufen die Jünger Jesu nach der Offenbarung der Herrlichkeit Gottes. Zugleich aber sind diese Bitten ein Ausdruck absoluter Gewißheit. Wer so betet, macht Ernst mit Gottes Verheißung und gibt sich in unbeirrbarem Vertrauen ganz in Gottes Hände. Er weiß: „Du wirst dein herrlich Werk vollenden." Es sind dieselben Worte, wie die jüdische Gemeinde sie in der Synagoge betet, wenn sie am Schluß des Gottesdienstes das Qaddiš spricht, und doch besteht ein großer Unterschied. Im Qaddiš betet eine Gemeinde, die im Dunkel der gegenwärtigen Welt steht, um die Vollendung; im Vater-Unser betet mit dem gleichen Wortlaut eine Gemeinde, die weiß, daß die Wende schon angebrochen ist, weil Gott sein gnädiges Werk der Erlösung schon begonnen hat, eine Gemeinde, die jetzt nur noch um die volle Offenbarung dessen, was ihr geschenkt ist, fleht.

3. *Die beiden Wir-Bitten:* Auch die Brotbitte und die Vergebungsbitte gehören aufs engste zusammen. Das zeigt sich schon formal darin, daß beide, im Unterschied zu den Du-Bitten, zweigliedrig sind. Wenn es richtig ist, daß die beiden Du-Bitten an das Qaddiš anknüpfen, so ergibt sich, daß der Ton ganz auf dem Neuen liegt, das Jesus hinzufügt, eben auf den beiden Wir-Bitten. Sie bilden das Kernstück des Vater-Unsers, auf das die beiden Du-Bitten hinführen wollen.

Die erste der beiden Wir-Bitten bittet um das tägliche Brot. Das griechische Wort *epiousios*, das Luther mit „täglich" wiedergegeben hat, ist Gegenstand einer langen und noch immer nicht abgeschlossenen Diskussion gewesen. Unseres Erachtens ist entscheidend, daß der Kirchenvater Hieronymus uns berichtet, daß in dem aramäischen Nazaräerevangelium das Wort *machar* (morgen) stand, daß hier also vom Brot für morgen die Rede war[31]. Nun ist allerdings dieses Nazaräerevangelium nicht etwa älter als unsere drei ersten Evangelien, vielmehr beruht es auf unserem Mattäusevangelium. Trotzdem muß der aramäische Wortlaut des Vater-Unsers im Nazaräerevangelium („Brot für morgen") älter sein als unsere Evangelien. Denn das Vater-Unser ist in Palästina in ununterbrochener Übung im 1. Jahrhundert aramäisch gebetet worden, und ein Übersetzer des Mattäusevangeliums ins Aramäische hat das Vater-Unser natürlich nicht wie den übrigen Text übersetzt, sondern das Herrengebet so niedergeschrieben, wie er es täglich betete. Mit anderen Worten, die aramäisch redenden Judenchristen, unter denen das Herrengebet in seinem ursprünglichen aramäischen Wortlaut seit den Tagen Jesu fortlebte, haben gebetet: „Unser Brot für morgen gib uns heute." Hieronymus sagt uns aber noch mehr. Er fügt hinzu, wie die Wendung „Brot für morgen" verstanden wurde. Er sagt: „In dem sogenannten Hebräer- [d. i. Nazaräer-] evangelium ... habe ich gefunden: ‚machar', das heißt ‚für morgen', so daß der Sinn ist: Unser morgiges, das heißt zukünftiges Brot gib uns heute." In der Tat bezeichnet das Wort „morgen" im antiken Judentum nicht nur den nächsten Tag, sondern auch das große ‚Morgen', nämlich die Endvollendung. Nun wissen wir aus den alten Übersetzungen des Vater-Unsers, daß das „Brot für morgen" in der alten Kirche, und zwar sowohl im Osten wie im Westen, weithin, wenn nicht überwiegend, in dem Sinn „Brot der Heilszeit", „Brot des Lebens", „himmlisches Manna" verstanden worden ist. Lebensbrot und Lebenswasser sind seit Urzeiten Symbole des Paradieses, Umschreibung der Fülle aller leiblichen und geistlichen Gaben Gottes. Dieses Lebensbrot ist gemeint, wenn Jesus davon redet, daß er in der Vollendung mit seinen Jüngern essen und trinken werde (Lk 22, 30), daß er sich gürten und die Seinen bei Tisch bedienen werde (Lk 12, 37) mit dem gebrochenen Brot und dem gesegneten Kelch (vgl. Mt 26, 29). Die eschatologische Ausrichtung aller übrigen Bitten des Vater-Unsers spricht dafür, daß auch die Brotbitte eschatologischen Sinn hat, d. h. daß sie das Lebensbrot erfleht.

Vielleicht sind wir befremdet, ja enttäuscht. So vielen Menschen ist es wichtig, daß wenigstens *eine* Bitte des Vater-Unsers in den schlichten Alltag führt. Soll uns das genommen werden? Ist das nicht eine Verarmung? In Wahrheit bedeutet die Deutung der Brotbitte auf das Lebensbrot eine große Bereicherung. Es wäre ein grobes Mißverständnis, wenn man annehmen wollte, daß hier in der Denkweise der griechischen Philosophie vergeistigt und zwischen irdischem und himmlischem Brot unterschieden würde. Für Jesus waren irdisches Brot und Lebensbrot nichts Gegensätzliches. Im Bereich der Königsherrschaft Gottes sah er alles Irdische als geheiligt an. Seine Jünger gehören der neuen Welt Gottes an; sie sind der Welt des Todes entrissen (Mt 8, 22). Das wirkt sich in ihrem Leben bis in die letzten Bereiche aus. Es zeigt sich in ihren Worten (5,21 f. 33 bis 37), es zeigt sich in ihren Blicken (5, 28), es zeigt sich in der Art, wie sie die Menschen auf der Straße grüßen (5, 47), es zeigt sich auch in ihrem Essen und Trinken. Für Jesu Jünger gibt es nicht mehr reine oder unreine Speisen. „Nichts, was der Mensch ißt, kann ihn verunreinigen" (Mk 7, 15); alles, was Gott darreicht, ist gesegnet. Man kann sich diese Heiligung des Lebens am besten klarmachen an den Mahlzeiten Jesu. Das Brot, das er darreichte, wenn er mit den Zöllnern und Sündern zu Tische lag, war alltägliches Brot und doch mehr: Lebensbrot. Das Brot, das er den Seinen beim letzten Mahl brach, war irdisches Brot und doch mehr: sein für die vielen in den Tod gegebener Leib, Anteilgabe an der Sühnkraft seines Todes. Jede Mahlzeit seiner Jünger mit ihm war ein gewöhnliches Essen und doch mehr: Heilsmahl, Messiasmahl, Abbild und Vorweggabe des Vollendungsmahles, weil er der Hausherr war. So war es noch in der Urgemeinde: Ihre täglichen gemeinschaftlichen Mahlzeiten waren gewöhnliche Sättigungsmahlzeiten und doch zugleich „Herrenmahl" (1 Kor 11,20), das Gemeinschaft mit Ihm vermittelte und die am Tisch Sitzenden zur Gemeinschaft untereinander zusammenschloß (1 Kor 10,16 f).

So ist auch die Bitte um das „Brot für morgen" gemeint. Sie reißt nicht den Alltag und die Königsherrschaft auseinander, sondern sie umfaßt die Totalität des Lebens. Sie umgreift alles, was Jesu Jünger brauchen für Leib und Seele. Sie schließt das tägliche Brot mit ein, aber sie begnügt sich nicht mit ihm. Sie erbittet, daß in der Profanität des Alltags die Kräfte und Gaben der kommenden Welt Gottes wirksam sein mögen in allem, was Jesu Jünger tun in Wort und Werk. Man kann geradezu sagen: Die Bitte um das Lebensbrot erfleht die Heiligung des Alltags.

Erst wenn man erkannt hat, daß die Brotbitte um das Brot im Vollsinn bittet, um das Lebensbrot, kommt der Gegensatz „morgen – heute" zur vollen Geltung. Dieses „heute", das am Ende der Bitte steht, hat den ganzen Ton. In einer Welt der Gottesferne und des Hungerns und Dürstens dürfen Jesu Jünger es wagen, dieses „heute" zu sprechen: Jetzt schon, hier schon, heute schon gib uns das Lebensbrot. Jesus gibt ihnen als den Kindern Gottes die Vollmacht, nach der Vollendungsherrlichkeit zu greifen und sie herabzuholen, herabzuglauben, herabzubeten in ihr armes Leben – jetzt schon, hier schon, heute.

Jetzt schon – das ist auch der Sinn der Vergebungsbitte: „Vergib uns unsere Schulden, wie auch wir hiermit unseren Schuldigern vergeben." Diese Bitte blickt auf die große Abrechnung, der die Welt entgegengeht, die Enthüllung der Majestät Gottes im Endgericht. Jesu Jünger wissen um ihre Verstrickung in Sünde und Schuld; sie wissen, daß nur Gottes gnädige Vergebung sie retten kann. Aber sie erbitten sie nicht nur für die Stunde des letzten Gerichtes, sondern wieder bitten sie, daß ihnen Gott heute schon Vergebung schenken möge. Sie stehen ja als Jesu Jünger in der Heilszeit. Messiaszeit ist Vergebungszeit, Vergebung ist die Gabe der Heilszeit schlechthin. Gib sie uns, lieber Vater, heute schon, hier schon!

Auch die zweite Wir-Bitte ist wie die Brotbitte zweigliedrig. Sie hat einen Nachsatz, der in ganz auffälliger Weise auf das menschliche Tun Bezug nimmt. Das geschieht nur an dieser Stelle im Vater-Unser; man sieht daran, wie wichtig dieser Nachsatz Jesu gewesen ist. Wir haben S. 27 f schon gesehen, daß er vom Aramäischen her übersetzt werden muß: „wie auch wir *hiermit* unseren Schuldnern vergeben". Das ist eine Selbsterinnerung des Beters an sein Vergeben. Immer wieder hat Jesus es ja ausgesprochen, daß man Gott nicht um Vergebung bitten kann, wenn man nicht selbst bereit ist zu vergeben. „Wenn ihr steht und betet, so vergebt dem, gegen den ihr etwas auf dem Herzen habt, damit auch euer himmlischer Vater euch eure Verfehlungen vergeben kann" (Mk 11, 25). Mt 5, 23 f geht Jesus sogar so weit, daß er sagt, der Jünger solle die Darbringung des Opfers, mit der er Gottes Vergebung erfleht, unterbrechen, wenn ihm einfällt, daß sein Bruder etwas gegen ihn auf dem Herzen hat, und sich mit dem Bruder aussöhnen, ehe er die Opferhandlung beendet. Jesus will damit sagen, daß die Bitte um die Vergebung Gottes unwahrhaftig ist und von Gott nicht erhört werden kann, wenn man selbst nicht zuvor das Verhältnis zum Bruder bereinigt hat. Die Vergebungsbereitschaft ist gewissermaßen die Hand, die Jesu Jünger nach der Vergebung ausstrecken. Sie sagen: Wir gehören ja der Messiaszeit an, der Vergebungszeit, und wir sind bereit, die Vergebung, die wir empfangen, weiterzugeben. Nun schenke uns, lieber Vater, die Gabe der Heilszeit, deine Vergebung – jetzt schon, heute schon, hier schon.

Erst wenn man erkannt hat, daß die Wir-Bitten beide auf die Vollendung ausgerichtet sind und ihre Gaben in die Gegenwart herabflehen, erst dann wird die Verklammerung der beiden Du-Bitten mit den beiden Wir-Bitten ganz deutlich. Die beiden Wir-Bitten sind die Aktualisierung der Du-Bitten. Die Du-Bitten erflehen die Offenbarung der Herrlichkeit Gottes, und die beiden Wir-Bitten wagen es, die Vollendung jetzt schon und hier schon herabzubitten.

4. *Der Abschluß = Die Bitte um Bewahrung:* Bis jetzt waren die Bitten, sowohl die beiden Du-Bitten als auch die beiden Wir-Bitten, einander parallel; die beiden Wir-Bitten waren außerdem auch in sich zweigliedrig. Schon formal wirkt daher die einzeilige Schlußbitte abrupt und hart. Sie fällt auch dadurch aus dem Rahmen des Bisherigen, daß sie als einzige Bitte negativ formuliert ist. All das ist Absicht; diese Bitte *soll* hart und abrupt wirken, das zeigt ihr Inhalt.

Zwei Bemerkungen zum Wortlaut müssen hier vorangestellt werden. Die erste betrifft das Wort *peirasmos,* für das uns die Übersetzung „Versuchung" geläufig ist. „Und führe uns nicht in Versuchung", das könnte so klingen, als ob Gott uns versuche. Schon Jakobus hat dieses Verständnis scharf abgewiesen, wenn er (wahr-

scheinlich mit direktem Bezug auf die Schlußbitte des Vater-Unsers) sagt: „Niemand sage, wenn er versucht wird: ‚ich werde von Gott versucht'; denn Gott ist nicht zum Bösen versuchbar und versucht selbst niemanden" (Jak 1,13). In der Tat trifft die Übersetzung „Versuchung" den Sinn der Schlußbitte nicht in ihrer ganzen Tiefe. Das griechische Wort *peirasmos* kann nämlich (ebenso wie das ihm zugrunde liegende aramäische *nisjon*) zweierlei bedeuten: 1. Die Versuchung, d. h. die Verleitung zur Sünde, und 2. die Anfechtung, d. h. das Auf-die-Probe-gestellt-Werden des Glaubens bzw. der Treue. Im Neuen Testament, in dem das Wort einundzwanzigmal vorkommt, liegt die Bedeutung „Versuchung (zur Sünde)" nur an einer Stelle eindeutig vor, 1 Tim 6,9; an allen anderen Stellen geht es um die Anfechtung des Glaubens oder um das Auf-die-Probe-Stellen der Treue Gottes. Von der Anfechtung des Glaubens handelt auch die Abschlußbitte des Vater-Unsers. Sie hat nicht die kleinen oder großen Versuchungen des Alltags im Auge, sondern blickt auf die letzte, schwerste Erprobung des Glaubens, die den Jüngern Jesu bevorsteht, auf die Enthüllung des Geheimnisses der Bosheit, auf die Offenbarung des Antichristus, auf den Greuel der Verödung, Satan an Gottes Statt, auf die letzte Verfolgung und die drohende Verführung der Heiligen Gottes durch Pseudopropheten und falsche Heilande. Die endzeitliche Anfechtung heißt: Abfall!
Die zweite Beobachtung zum Wortlaut der Schlußbitte betrifft das Verbum: „führe uns nicht". Wie dieses „Führen" gemeint ist, zeigt ein sehr altes jüdisches Abendgebet, das Jesus gekannt haben könnte und an das er vielleicht direkt anknüpft; in ihm heißt es (fast wörtlich übrigens ebenso im Morgengebet):

> „Leite mich nicht in die Gewalt der Übertretung
> und bringe mich nicht in die Gewalt der Sünde
> und nicht in die Gewalt der Schuld
> und nicht in die Gewalt der Versuchung
> und nicht in die Gewalt von Schändlichem"[32].

Sowohl das Nebeneinander von Übertretung, Sünde, Schuld, Versuchung und Schändlichem als auch die Wendung „in die Gewalt bringen" zeigen, daß das jüdische Abendgebet nicht an ein unmittelbares Handeln Gottes, sondern an seine Zulassung denkt (um den grammatischen Fachausdruck zu gebrauchen: das Kausativum hat hier eine permissive Nuance). Der Sinn ist: „Laß nicht zu, daß ich in die Hände von Übertretung, Sünde, Schuld, Versuchung und Schändlichem falle." Dieses Abendgebet bittet also um die Bewahrung vor dem *Erliegen* in der Versuchung, und so wird auch die Schlußbitte des Vater-Unsers gemeint sein. Wir haben daher übersetzt: „Laß uns nicht der Anfechtung erliegen." Daß es in der Tat in der Schlußbitte des Vater-Unsers nicht um Bewahrung *vor* der Anfechtung, sondern um Bewahrung *in* der Anfechtung geht, wird durch ein außerkanonisches Jesuswort bestätigt, das Jesus nach alter Überlieferung am letzten Abend vor dem Gebet in Gethsemane zu seinen Jüngern gesagt hat: „Niemand kann das Himmelreich erlangen, der nicht durch die Erprobung ging."[33] Hier wird ausdrücklich ausgesprochen, daß keinem Jünger Jesu die Anfechtung erspart bleibt; nur die Überwindung hat die Verheißung. Auch dieses Wort spricht dafür, daß die Schlußbitte des Vater-Unsers nicht darum bittet, daß dem Beter die Anfechtung erspart bleiben möge, sondern daß Gott ihm helfen möge, sie zu überwinden.

Die Schlußbitte des Vater-Unsers besagt also: „Laß uns nicht der Anfechtung erliegen." Die Anfechtung des Glaubens in der letzten betrübten Zeit, vor der Jesus auch in Gethsemane die Jünger warnt: „Bittet darum, daß ihr nicht der Anfechtung erliegt" (Mk 14, 38), besteht in der Gefahr des Abfalls. Frei wiedergegeben sagt die Schlußbitte: O Herr, bewahre uns davor, daß wir abfallen. So hat auch die Mattäus-Überlieferung diese Bitte verstanden, wenn sie die Bitte anfügt um die endgültige Errettung von der Macht des Bösen, die den Menschen in das ewige Verderben stürzen will: „sondern erlöse uns von dem Bösen".

Jetzt verstehen wir vielleicht, warum die Schlußbitte so kurz und hart ist. Jesus hat seine Jünger aufgerufen, um die Vollendung zu bitten, in der Gottes Name geheiligt wird und seine Herrschaft regiert. Mehr, er hat sie ermutigt, die Gaben der Heilszeit schon jetzt in ihr armes Leben herabzubitten. Aber mit der Nüchternheit, die alle seine Worte kennzeichnet, warnt er seine Jünger vor der Gefahr der Schwärmerei, wenn er sie mit der Schlußbitte abrupt in die Realität ihres bedrohten Daseins zurückruft. Diese Schlußbitte ist ein Schrei aus der Tiefe der Not, ein weithallender Hilferuf des bedrängten Beters[34]: Lieber Vater, dies eine gewähre uns, bewahre uns davor, daß wir an dir irre werden! Es ist gewiß kein Zufall, daß diese Schlußbitte keine Parallele im Alten Testament hat.

Die Doxologie „Denn dein ist (das Reich und) die Kraft und die Herrlichkeit in Ewigkeit. Amen" fehlt bei Lukas völlig, bei Mattäus in den ältesten Handschriften; sie begegnet zuerst zweigliedrig in der

Didache (s. S. 21). Der Schluß wäre jedoch völlig verfehlt, daß das Vater-Unser je ohne abschließenden Lobpreis Gottes gebetet worden wäre. Es ist im palästinischen Raum ganz undenkbar, daß ein Gebet mit dem Wort „Anfechtung" endete. Nun muß man wissen, daß es im Judentum üblich war, daß zahlreiche Gebete mit einem „Siegel" beendet wurden, einem vom Beter frei formulierten Lobspruch[35]. So hat es ohne Frage auch beim Vater-Unser Jesus gemeint und in der ältesten Zeit die Gemeinde gehandhabt: daß das Vater-Unser mit einem „Siegel", d. h. einer vom Beter frei formulierten Doxologie abschloß.

Will man den Versuch wagen, das unerschöpfliche Geheimnis der wenigen Sätze des Herrengebets in *einem* Ausdruck zusammenzufassen, so ist dazu am ehesten eine Wendung geeignet, die die neutestamentliche Forschung der letzten Jahrzehnte stark beschäftigt hat: sich realisierende Eschatologie. Diese Wendung bezeichnet die sich verwirklichende Heilszeit, die vorweggeschenkte Vollendung, den Einbruch der Gegenwart Gottes in unser Leben. Wo Menschen es wagen, im Namen Jesu ihren himmlischen Vater in kindlichem Vertrauen zu bitten, daß er seine Herrlichkeit offenbaren möge und daß er ihnen heute schon und hier schon das Lebensbrot und die Tilgung der Schulden schenken möge, da verwirklicht sich schon jetzt, inmitten der ständigen Bedrohung durch Versagen und Abfall, die königliche Herrschaft Gottes über das Leben seiner Kinder.

III. Die Bergpredigt

A. Das Problem

Welches ist der Sinn der Bergpredigt? Das ist eine Frage, die sehr tief greift und die nicht nur Unterricht und Verkündigung betrifft, sondern die, wenn wir uns ihr wirklich stellen, an die Wurzeln unserer Existenz faßt. Seit Anbeginn der Kirche hat sie die Christenheit beschäftigt, wahrhaftig nicht nur die Theologen. Eine Fülle von Antworten sind im Laufe der Jahrhunderte gegeben worden. Ich greife drei heraus.

Die erste Antwort auf die Frage nach dem Sinn der Bergpredigt gibt *die perfektionistische Auffassung*. Sie sagt: In der Bergpredigt sagt Jesus seinen Jüngern, was er von ihnen fordert. Er entfaltet den Willen Gottes, wie er ihre Lebensführung bestimmen soll. Man denke nur an die sechs Antithesen, in denen der alte und der neue Gotteswille einander gegenübergestellt werden: „Ihr habt gehört..., ich aber sage euch..." Eine klare Weisung folgt hier auf die andere. So geht es fort in Kap. 6; so geht es weiter in Kap. 7. Dann aber ergibt sich eine Konsequenz, und es ist das Verdienst des verstorbenen Hallenser Neutestamentlers Hans Windisch, sie mit rückhaltloser Ehrlichkeit in seinem Buch „Der Sinn der Bergpredigt"[36] gezogen zu haben. Wenn es richtig ist, daß Jesus in der Bergpredigt Gebote gibt, und wenn Jesus erwartet, daß seine Jünger diese Gebote erfüllen, dann müssen wir fragen: ist das nicht gesetzliches Denken? Ist das nicht ethischer Perfektionismus? Und Windisch antwortet: Ja, es ist so. Seien wir doch ehrlich; machen wir uns doch endlich einmal von jeder idealisierenden und paulinisierenden Exegese frei! Dann müssen wir zugeben, daß diese Ethik der Bergpredigt Gehorsamsethik ist wie die Ethik des Alten Testaments. Da ist nichts gesagt von der Unfähigkeit des Menschen zum Guten, da ist nichts zu lesen vom Mittleramt Jesu, von der Erlösung durch sein Blut. Was in der Bergpredigt steht, das ist vielmehr, von Paulus, von Luther und Calvin her gesehen, heillos ketzerisch; denn das ist perfektionistisch, das ist Werkgerechtigkeit, das ist Gesetz, nicht Evangelium. Die Bergpredigt steht – zu diesem Resultat kommt Windisch – ganz im Rahmen des Alten Testaments und des Judentums. Denn das ist es doch, was das Alte Testament unermüdlich wiederholt: Gehorche, dann wirst du leben! Genauso war auch für das

Judentum der Zeit Jesu das Zentralthema seiner Theologie: die Unerbittlichkeit des Gottesgesetzes. Auch im Talmud lesen wir, gewiß neben viel Kasuistik, dieselbe Verwerfung der Begierde, des Hasses, der Rache wie in der Bergpredigt. Auch im Talmud stoßen wir auf die Goldene Regel Mt 7,12. Um dieses eine Beispiel zur Illustration zu nehmen: „Alles, was ihr wollt, das euch die Menschen tun, genau das tut auch ihr ihnen. Das ist das Gesetz und die Propheten", sagt Jesus. Im Talmud steht dieses Wort im Rahmen der berühmten Geschichte von Hillel (20 v. Chr.) und dem übertrittswilligen Heiden. Dieser Heide hatte sich zuerst an Schammai, den Gegenspieler Hillels, gewandt und ihm die Forderung gestellt, er solle ihm das ganze Gesetz in der Zeit übermitteln, in der er auf einem Bein stehen könne. Schammai, der ein Zimmermann war, hatte seine Elle genommen und ihn fortgejagt. Nun kommt er mit seiner Forderung zu Hillel, und Hillel antwortet ihm: Ja, ich kann sie erfüllen. Ich kann dir wirklich das ganze Gesetz beibringen in der Zeit, in der du auf einem Bein stehst – und dann sagt er: „Was dir unlieb ist, das tu auch keinem anderen. In diesem einen Satz faßt sich das ganze Gesetz zusammen. Alles andere ist nur Kommentar!" (b. Schab 31a, frei wiedergegeben). Es ist die stoische Lehre vom ungeschriebenen Gesetz, die Hillel aufgreift, wenn er mit einer für einen Rabbinen erstaunlichen Unbefangenheit und großartigen inneren Freiheit den kühnen Satz wagt: Die Goldene Regel ist der Kern der Thora, alle anderen Vorschriften sind nur Auslegung zu ihr. Mt 7,12 lesen wir die Goldene Regel ebenfalls mit dem (Lk 6,31 wohl nur im Blick auf die heidenchristlichen Leser fortgelassenen) Zusatz: das ist das ganze Gesetz und die Propheten. Allerdings ist die Goldene Regel bei Jesus positiv, bei Hillel negativ gewendet. Das ist ein großer Unterschied. Hillel sagt: „Du sollst deinem Nächsten nicht schaden"; bei Jesus heißt es: „Die Liebe, die du erfahren möchtest, sollst du dem Nächsten erweisen". Liebe zu schenken ist mehr als nur Schädigung zu unterlassen. Trotz dieses bedeutsamen Unterschiedes ist an dieser Stelle ein Zusammenhang zwischen Jesus und Hillel sehr wahrscheinlich. Müssen wir dann aber nicht folgern: Was Jesus in der Bergpredigt sagt, ist ebenso perfektionistisches Gesetz wie Hillels Lehre? Ich fürchte, daß die Auffassung, die Windisch vertreten hat, im breiten Bereich der heutigen Geisteswelt die verbreitetste Auffassung der Bergpredigt ist, etwa in der Form, daß man sagt: Jesus stellt hier ganz ungeheuer schwere Forderungen, obwohl er weiß, daß kein Mensch sie voll erfüllen kann;

aber er hofft, daß er auf diese Weise die Menschen dazu bringt, sich ernstlich darum zu bemühen, daß sie wenigstens ein Teilziel erreichen.

Was ist zu dieser ersten Auffassung zu sagen? Nun, ich würde sagen, hier ist etwas durchaus Richtiges gesehen. Es geht tatsächlich in der Bergpredigt um den Willen Gottes, und es geht wirklich um ganz konkrete, handfeste Forderungen. Jesus sagt, was er von seinen Jüngern erwartet: „Wer diese meine Worte hört und tut, der gleicht einem klugen Mann" (Mt 7, 24). Richtig gesehen ist ferner die Verwurzelung Jesu in seiner Zeit oder richtiger die gemeinsame Verwurzelung Jesu und des Spätjudentums im Alten Testament. Es ist nicht erlaubt, über diese Zusammenhänge leichtfertig hinwegzugehen, etwa indem man eine Karikatur des Spätjudentums zeichnet. Aber nun gibt es doch auch Unterschiede, große Unterschiede, zwischen Jesu Forderungen und der Ethik des Spätjudentums. Ich nenne vier Gesichtspunkte.

a) Gewiß steht manches von dem, was Jesus in der Bergpredigt sagt, auch im Talmud, nicht bloß die Goldene Regel. Wellhausen hat einmal bewußt überspitzt und einseitig formuliert: Alles, was in der Bergpredigt steht, steht auch im Talmud – und noch viel mehr. Das ist gerade das Charakteristische, daß im Talmud „noch viel mehr" steht und daß man die Körner unter viel Spreu heraussuchen muß, die wenigen Goldkörner, die man mit Worten der Bergpredigt vergleichen kann.

b) Bei diesem Vergleich ergibt sich, daß bezeichnenderweise zu den entscheidenden Worten der Bergpredigt die Parallelen fehlen. Zu der Seligpreisung der Armen, zum Verbot der Scheidung, zum Schlag auf die Wange, zu der kurzen, klaren Formulierung „Liebet eure Feinde", zur Freude der Buße (Mt 6, 16–18) und zu zahlreichen anderen Worten sucht man vergebens Seitenstücke im Talmud.

c) Vielmehr steht die ganze Berpredigt, besonders deutlich Mt 5, 21 bis 48; 6, 1–18, im bewußten, schneidenden Gegensatz zur rabbinisch-pharisäischen Frömmigkeit.

d) Ja, Jesus wagt es sogar, der Thora selbst entgegenzutreten. Die Kritik, die er in den Antithesen an der Thora übt, ist in den Augen seiner Zeitgenossen Thoralästerung, und das bedeutet Bruch mit der jüdischen Frömmigkeit. So einfach geht es also nicht, die Bergpredigt ohne weiteres in den Rahmen des Spätjudentums hineinzustellen. Nun weiß das natürlich Windisch auch, und deshalb sagt er: Das ist nicht einfach Ethik des Spätjudentums, was wir in der großen

Komposition des Mattäus als ganzer, ebenso wie in den Einzel-
sprüchen, finden, sondern ein geläutertes, humanisiertes, radikali-
siertes, vereinfachtes, konzentriertes Judentum, das sich im Bekenntnis zu Jesus vollendet (S. 51). Wir könnten mit solchen Attributen
noch lange fortfahren und würden doch nicht das Wesentliche der
Bergpredigt erfassen. Denn Jesus war eben nicht einer der Gesetzes-
lehrer und Weisheitsprediger seiner Zeit, sondern seine Botschaft hat
den Rahmen des Judentums gesprengt.

Wir wenden uns einer zweiten Antwort auf die Frage nach dem Sinn
der Bergpredigt zu. Es ist die Antwort, die von der lutherischen
Orthodoxie gegeben worden ist: *die Unerfüllbarkeitstheorie.* Sie hat
nicht nur in vergangenen Jahrhunderten eine große Rolle gespielt,
sondern hat noch heute zahlreiche Anhänger. Mit dieser Deutung
der Bergpredigt kommen wir aus der Plattheit und Oberflächlich-
keit der zuerst besprochenen Auffassung in tiefere Bezirke. Wenn
wir die Bergpredigt mit Ernst lesen, so sagt diese zweite Deutung,
müssen wir zutiefst erschrecken. Jesus fordert die Freiheit vom
Zorn; selbst das unfreundliche Wort ist des Todes wert. Jesus fordert eine Keuschheit, die bis zur Vermeidung des unreinen Blickes
geht. Jesus fordert die absolute Wahrhaftigkeit, die Liebe zum
Feind. Wer lebt denn so? Wer kann so leben? Wer kann das erfüllen?
Hier setzt die Unerfüllbarkeitstheorie ein. Sie sagt: Es ist ein großer
Irrtum, anzunehmen, daß die Bergpredigt erfüllbar sei. Diese Worte
Jesu sind unerfüllbar, und Jesus weiß das. Welche Absicht verfolgt
er aber dann mit diesen Worten? Die Antwort der Unerfüllbarkeits-
theorie lautet: Das kann man am besten verstehen, wenn man sich
die Augen durch die Aussagen des Apostels Paulus über das Gesetz
hat schärfen lassen. Das Gesetz, sagt Paulus, ist nicht gegeben, um
zum Leben zu führen. Nicht das Gesetz rettet, sondern der Glaube.
Das Gesetz weckt die Erkenntnis der Sünde. Das Gesetz reizt zur
Übertretung. Das Gesetz ist „praeparatio evangelica", indem es dem
Menschen sein Unvermögen enthüllt; dadurch, daß es ihn in die
Verzweiflung führt, öffnet es ihm erst die Augen für die Herrlichkeit der Gnade Gottes. Genau so ist es mit der Bergpredigt, und
genau so hat Jesus sie gemeint. Er will seinen Hörern zum Bewußt-
sein bringen, daß sie die Forderung Gottes aus eigener Kraft nicht
erfüllen können. Er hat die Absicht, sie durch die Erfahrung ihres
Versagens dazu zu führen, daß sie an sich selbst verzweifeln. Seine
Forderung will unsere Selbstsicherheit zerbrechen; nichts anderes
ist beabsichtigt. Die Bergpredigt, sagt diese zweite Theorie, ist

„Mosissimus Moses", um ein Wort Luthers aufzugreifen, Moses im Quadrat, Moses bis zum äußersten übertrieben. Sah die erste Auffassung in der Bergpredigt ein perfektionistisches Gesetz, so erblickt diese zweite Auffassung in ihr ein propädeutisches Gesetz, ein Gesetz, das eine heilspädagogische Aufgabe hat.

Wieder, meine ich, sollten wir mit allem Nachdruck sagen, daß hier Richtiges gesehen ist. Es ist nämlich auf der einen Seite der ganze Ernst der Forderung Jesu gesehen, der nicht bagatellisiert werden darf, und auf der anderen Seite unsere Armut. Aber was sagt der Text? Worauf kann man sich berufen? Wo ist derartiges in der Bergpredigt auch nur angedeutet? Gewiß sind da Worte, die das Kennzeichen der Unerfüllbarkeit an der Stirn haben, etwa Mt 5, 29. 30: „Ärgert dich dein rechtes Auge, so reiß es aus und wirf es fort"; „ärgert dich deine rechte Hand, so hau sie ab und wirf sie fort". Aber auf diese Worte wird man sich nicht berufen dürfen; denn das ist paradoxe Zuspitzung, wie sie morgenländischer Redeweise entspricht, genau so wie etwa das Wort vom Splitter und Balken (Mt 7, 4. 5) paradoxe Bildrede ist. Sie berechtigt als solche noch nicht zu der Folgerung, Jesus habe die Unerfüllbarkeit im Auge gehabt. Nein, nirgendwo findet sich in der Bergpredigt eine klare Aussage in dieser Richtung, auf die man sich berufen könnte; nirgendwo wird, wie bei Paulus, nachgedacht über die Unfähigkeit des Menschen, den Willen Gottes zu erfüllen, sondern erstaunlicherweise erwartet Jesus von seinen Jüngern, daß sie das tun, was er fordert. Jesus wendet sich durchaus an den Willen. Der Schluß der Bergpredigt zeigt es besonders deutlich, die vier Bildgruppen von der engen und breiten Pforte, vom guten und schlechten Baum, von den Menschen, die im Endgericht vor Gottes Thron stehen, und vom Hausbau auf Fels und Sand (7, 13–27). Wenn die Wogen der Sintflut an die Felsen stoßen, dann wird *der* bestehen, der „diese meine Worte hört und tut", nur er. Jedem, der Jesu Jünger ist, gilt seine Weisung. Sie weist den Weg zur engen Pforte, zur Königsherrschaft Gottes. So müssen wir auch die Unerfüllbarkeitstheorie ablehnen. Denn sie ist ein Schulbeispiel dafür, wohin man kommt, wenn man Jesus von Paulus her, statt umgekehrt Paulus von Jesus her, auslegt. Sie ist paulinisierende Exegese, und das heißt: sie ist Eisegese (Eintragung).

Schließlich verdient noch eine dritte Auffassung besonders hervorgehoben zu werden, *das interimsethische Verständnis* der Bergpredigt. Diese Deutung wurde Ende des vorigen Jahrhunderts von

Johannes Weiß entfaltet in seinem Buch „Die Predigt vom Reiche Gottes" (1892) sowie in den Arbeiten von Albert Schweitzer. Beide Autoren schreiben in der Ära des Fortschrittsglaubens und des Kulturprotestantismus, der in Jesu Verkündigung eine Kulturethik sah. In diese Zeit hinein ergeht ihre eschatologische Deutung der Evangelien. Nicht eine Kulturethik auf lange Sicht bringt Jesus, so sagen sie, sondern seine Forderung ist begründet im furchtbaren Ernst der Stunde. Die große Krisis steht vor der Tür. Die Gegenwart ist die Entscheidungszeit. Noch einmal, ehe die Wogen der Sintflut hereinbrechen, ehe sich das Gericht über Sodom und Gomorra wiederholt, gibt Gott eine letzte Möglichkeit zur Umkehr und zur Entscheidung, und Hauptdokument für diese neue, radikal eschatologische Sicht der Predigt Jesu ist die Bergpredigt. Sie enthält nämlich, so sagt die „konsequente Eschatologie", Ausnahmegesetze, wie sie für Krisenzeiten gelten. Sie ist gewissermaßen ein Notstandsgesetz in der letzten, entscheidenden Phase eines totalen Krieges. Sie ist zu Menschen gesagt, die wissen, daß sie unter einer überhängenden Wand stehen, die jede Minute über ihnen zusammenstürzen kann, zu Menschen, die sich in der Lage eines Todgeweihten befinden, der nur noch ganz kurze Zeit vor sich hat. Das heißt: die Worte der Bergpredigt sind Aufruf zur äußersten Kraftanstrengung vor der Katastrophe, letzte Bußrufe vor dem Ende. Weil die Lage so kritisch ist, darum fordert Jesus auf, alle Brücken abzubrechen; nichts darf seine Jünger noch mit der Welt verbinden. Mögen die Toten ihre Toten begraben! Aller Besitz ist gleichgültig in dieser Katastrophensituation; er muß abgestoßen werden, damit er den Jünger Jesu nicht bindet. Auch das schützende Recht darf in dieser letzten Stunde keine Rolle mehr spielen (Mt 5, 38 ff). In dieser Stunde fordert Jesus beispiellose Hingabe, bis hin zur Liebe zum Feind. All das sind heroische Worte, die nur für die kurze Zeit bis zum Ende gültig sind, in der unerhörte Opfer gefordert werden müssen. Mit einem Wort: die Bergpredigt bietet Interimsethik.
Wiederum ist mit Nachdruck zu sagen: Hier ist Richtiges gesehen, sogar entscheidend Richtiges. Hier sind wir wirklich der Sache noch einen Schritt nähergekommen. Denn Jesu ganze Predigt ist in der Tat ausgerichtet auf das bevorstehende Ende. Es steht unausgesprochen hinter jedem Wort, das er sagt, auch hinter den Worten der Bergpredigt. Es ist wirklich so, daß er das letzte Wort Gottes bringt. Von der Stellung zu diesem letzten Gotteswort hängt Leben und Tod ab; die Hölle, von der Jesus redet (Mt 5, 22. 29 f), ist nicht

etwas, was in ferner Zukunft liegt, sondern eine Bedrohung, die auf seine Hörer zukommt. Die Dynamik der Eschatologie steht hinter jedem Wort Jesu, und hier darf nichts weginterpretiert oder verharmlost werden. Gott gibt eine letzte Gnadenfrist; es ist reine Barmherzigkeit Gottes, daß er den Feigenbaum noch ein Jahr stehen läßt (Lk 13, 6–9). Wir können das heute besser verstehen als die Menschen vor 85 Jahren. Aber auch hier haben wir Fragen. Von der Verkrampfung letzter Kraftanstrengung ist in der Bergpredigt gerade nichts zu finden. Sie ist nicht Ethik des letzten Stündleins, nicht Ausfluß einer Weltuntergangsstimmung. Wo der Fehler liegt, kann man an einer Äußerung von Johannes Weiß zu den Forderungen des Racheverzichts und der Feindesliebe erkennen, die nach seiner Ansicht die beiden klassischen Stellen der eschatologischen Ausnahmegesetzgebung sind. Er sagt: „Zu solcher Liebe reichen die gewöhnlichen Fähigkeiten des Menschen nicht aus. Es muß ein besonderer Aufschwung, eine Steigerung und Erhöhung der Seelenkräfte eintreten, wie sie für die Zeit der Drangsal den Jüngern verheißen ist"[37]. Aber von diesem „besonderen Aufschwung", dieser „Steigerung der Seelenkräfte" steht nichts da. Jesus ist kein fanatischer Schwärmer; seine Ethik ist nicht Ausdruck der Angst vor der Katastrophe. Vielmehr ist bei Jesus das Beherrschende etwas ganz anderes, nämlich das Wissen um die Gegenwart des Heils. Hier liegt der große Unterschied gegenüber der Ethik des Pharisäismus und der Apokalyptik: bei Jesus liegt der entscheidende Ton nicht auf den menschlichen Anstrengungen, sondern darauf, daß Gottes Heil da ist. Jesus verkündigt ganz gewiß nicht eine Ausnahmegesetzgebung für ein kurzes Interim; seine Worte gelten nicht bloß vor dem Ende, sondern auch danach (Mk 13, 31).

Die drei Lösungsversuche, die wir besprochen haben, haben bei aller Verschiedenheit doch gemeinsam, daß sie die Bergpredigt als Gesetz ansehen, wobei es letztlich keinen Unterschied macht, ob man dieses Gesetz des Näheren als perfektionistisches, heilspädagogisches oder interimsethisches auffaßt. Denn jedes gesetzliche Verständnis stellt Jesus in den spätjüdischen Bereich. Die erste Auffassung macht ihn zum Thoralehrer, die zweite zum Bußprediger und die dritte zum Apokalyptiker. War er das?

B. Die Vorgeschichte der Bergpredigt

Wie kommen wir aus dieser Sackgasse heraus? Hier ist es eine Hilfe, wenn wir uns vergegenwärtigen, was die neuere Forschung durch literarkritische und formgeschichtliche Analyse über die Entstehung der Bergpredigt ermittelt hat. Es handelt sich im wesentlichen um vier Beobachtungen.

a) Etwa 75–80 n. Chr. schrieb der Evangelist Mattäus sein Evangelium. Er legt das Markusevangelium zugrunde, erweitert es aber beträchtlich, vor allen Dingen um Logien, da er eine Fülle von Jesusworten besaß, die bei Markus noch nicht standen; er baut sie in das Markusevangelium an passender Stelle ein, also etwa derart, daß er die drei Gleichnisse Mk 4 zu einem großen Gleichniskapitel mit sieben Gleichnissen erweitert (Mt 13). So lesen wir im Mattäusevangelium fünf große Reden: Mt 5–7 die Bergpredigt, 10 die Aussendungsrede, 13 die Gleichnisrede, 18 die Weisungen für die Leitung der Gemeinden und dann 23–25 die große Abschiedsrede in Jerusalem. Daß Mattäus tatsächlich bewußt sein Evangelium so aufgebaut hat, ergibt sich mit voller Sicherheit daraus, daß er am Schluß aller fünf Reden dieselbe Formel (mit geringfügigen Varianten) wiederholt: „Und es begab sich, als Jesus diese Rede vollendet hatte" (7, 28; 11, 1; 13, 53; 19, 1; 26, 1). Man hat die Möglichkeit erwogen, daß Mattäus bei dieser Fünfzahl der Reden Jesu die fünf Bücher Moses vor Augen gehabt habe, daß er also auf diese Weise Jesus als den Verkünder eines neuen Pentateuchs, als den zweiten Moses, der die messianische Thora in Kraft setzt, habe kennzeichnen wollen. Doch wird man gut tun, hier vorsichtig zu sein. Denn die ausführliche Erklärung, die Mattäus im Anschluß an den Stammbaum für die Symbolzahl 14 gibt (1, 17), läßt vermuten, daß er es ausgesprochen haben würde, wenn er auch der Fünfzahl der Reden eine symbolische Bedeutung beigemessen hätte. Wohl aber dürfte eine andere Feststellung einigermaßen sicher sein. Mattäus bringt in Kap. 5–7 die Bergpredigt als ersten Redezusammenhang und fügt dann in Kap. 8–9 eine Zusammenstellung von Wundergeschichten an. Er will also Jesus darstellen als den Messias des Wortes und als den Messias der Tat. Beides gehört zusammen: Wort und Tat. Wo immer der Geist Gottes Wirklichkeit wird, erweist er sich in dieser Doppelheit von Wort und Tat, nie bloß im Wort und nie bloß in der Tat. So will Mattäus durch dieses Nebeneinander von Kap. 5–7 und 8–9 zum Ausdruck bringen: Jesus ist der Träger des Gottesgeistes in der Fülle.

b) Wir kommen einen Schritt weiter, wenn wir beachten, daß die Bergpredigt im Evangelium des Lukas eine Entsprechung hat in Gestalt der Feldrede Lk 6, 20–49. Auch die Feldrede beginnt mit den

Seligpreisungen; sie bringt dann Worte Jesu, die auch in der Bergpredigt stehen: Feindesliebe, Schlag auf die Wange, Goldene Regel, Mahnung zur Barmherzigkeit usw., und sie schließt, wie die Bergpredigt, mit dem Gleichnis vom Hausbau. Aber die Feldrede ist viel kürzer als die Bergpredigt. Da in liturgischen Texten die Kurzform die ältere zu sein pflegt (s. S. 25 f), müssen wir folgern, daß wir in der Feldrede des Lukas ein Vorstadium der Bergpredigt vor uns haben.

c) Wenn wir nun die Bergpredigt und die Feldrede miteinander vergleichen, dann fällt auf, daß wir auf beträchtliche Abweichungen in der Formulierung stoßen. Gleich der erste Satz lautet bei Lukas (6, 20), „Selig seid ihr Armen" (zweite Person), bei Mattäus dagegen (5, 3): „Selig sind die geistlich Armen" (dritte Person). Entsprechend finden sich fast Vers für Vers Variationen im Wortlaut. Diese sind teilweise auf die Evangelisten zurückzuführen; so könnte z. B. Mt 5, 3 der Zusatz „geistlich" von Mattäus stammen. In der bei weitem überwiegenden Zahl der Fälle handelt es sich jedoch um Übersetzungsvarianten, d. h. ein und derselbe aramäische Text ist auf verschiedene Weise ins Griechische übersetzt worden. Als Beispiel sei der Schluß der Seligpreisungen herausgegriffen (Mt 5, 12 par. Lk 6, 23). Wenn es bei Mattäus heißt „Freut euch (imper. praes.) und jubelt", bei Lukas „freut euch (imper. aor.) und tut Freudensprünge"; bei Mattäus „weil euer Lohn groß ist in den Himmeln" (plur.), bei Lukas „denn siehe, euer Lohn ist groß im Himmel" (sing.); bei Mattäus „denn ebenso haben sie verfolgt die Propheten, die vor euch waren", bei Lukas „denn in derselben Weise haben getan den Propheten ihre Väter", – so ist hier zweifellos ein und derselbe aramäische Text in verschiedener Weise griechisch wiedergegeben worden. Das ist besonders deutlich bei den allerletzten Worten, wo offenbar die aramäische Grundlage von dem einen Übersetzer als Apposition (Mattäus: „die vor euch waren"), von dem anderen als Subjekt (Lukas: „ihre Väter") aufgefaßt worden ist. Hinter der Bergpredigt und der Feldrede liegt also eine aramäische Überlieferung. Mit dieser Beobachtung sind wir nun schon von der Bergpredigt aus ein beträchtliches Stück zurückgekommen. Mattäus schrieb 75/80 n. Chr. – die aramäische Feldrede dagegen gehört in die ersten Jahrzehnte nach Jesu Tod.

d) Wir müssen noch einen letzten Schritt weitergehen. Wenn wir die Feldrede des Lukas näher ansehen, fällt auf, daß in ihr immer wieder die Anrede wechselt zwischen der zweiten Person Pluralis und Singularis. Am Anfang haben wir den Plural: „Selig ihr Armen, die Gottesherrschaft ist euer", „Liebet eure Feinde", aber dann kommt Lk 6, 29. 30 plötzlich der Singular: „Wer dich auf eine Wange schlägt, dem biete die andere dar." Dann folgt wieder der Plural 31–38, hierauf die dritte Person, dann wieder Anrede im Singular 41 f usw. Daraus ergibt sich: Die Feldrede ist eine Zusammenstellung von einzelnen Logien Jesu, die er aus verschiedenen Anlässen gesprochen hat (ganz ebenso, wie die sieben Gleichnisse Mt 13 bei verschiedenen Gelegenheiten gesprochen und erst nachträglich zu einer Gleichnisrede zusammengestellt worden sind). Dasselbe gilt für die Bergpredigt, die einen Ausbau der Feldrede durch weitere Worte Jesu darstellt. Wir können diesen Kompositionscharakter der Feldrede und der Bergpredigt an Beispielen belegen. So hat uns Lukas zu zwei Abschnitten der Bergpredigt eine Situationsangabe überliefert. Der eine ist das Wort von der engen Pforte (Mt 7, 13. 14). Nach Lukas war der Anlaß dafür, daß Jesus dieses Bildwort prägte, die Frage eines Ungenannten nach der Zahl der Geretteten: „Herr, werden nur wenige das Heil erlangen?" Statt eine Antwort zu geben, ruft Jesus aus: „Ringt darum, daß ihr durch die enge Tür eingeht" (Lk 13, 23 f). Das andere Wort der Bergpredigt, zu dem Lukas eine Situationsangabe überliefert, ist das Vaterunser. Jesus betet in der Einsamkeit, und die Jünger treten zu ihm und bitten ihn: „Herr, lehre uns beten, wie Johannes seine Jünger beten lehrte" (Lk 11, 1). Wir haben also in der Bergpredigt eine Zusammenstellung von ursprünglich isolierten Aussprüchen Jesu vor uns. Bisweilen, aber durchaus nicht immer, bestanden sie nur aus einem einzigen Satz. Jedes dieser Jesuslogien, so haben wir es uns vorzustellen, ist die Zusammenfassung etwa einer Predigt Jesu oder die Quintessenz eines Lehrgesprächs, das in Form von Frage und Antwort einen ganzen Tag hindurch geführt worden sein mag, oder das Resultat eines Streitgesprächs mit seinen Gegnern. Diese isolierten Logien sind zunächst zur aramäischen Feldrede zusammengestellt worden, aus der die griechische Feldrede des Lukas und die griechische Bergpredigt des Mattäus erwuchsen. Wenn ich es im Bilde ausdrücken darf: Wir haben gelernt, zu unterscheiden zwischen dem *Bauwerk* der Bergpredigt, das in mehreren Bauabschnitten erstand, und den *Bausteinen,* aus denen der Bau errichtet wurde. Wir müssen uns daher beides getrennt ansehen, zunächst das Bauwerk als Ganzes, wie es heute vor uns steht, und dann die Bausteine, aus denen es erbaut ist.

Die Bergpredigt ist also nicht, das ist unser bisheriges Ergebnis, die Wiedergabe einer zusammenhängenden Predigt Jesu, so wenig wie die Gleichnisrede Mt 13, sondern eine Sammlung von Jesusworten. Zu welchem Zweck wurde diese Sammlung veranstaltet? Wie kam man darauf? Hier ist es hilfreich, wenn wir uns an ein Resultat der Arbeiten des bekannten englischen Neutestamentlers C. H. Dodd erinnern, der die grundlegende Beobachtung gemacht hat, daß es in der ältesten Zeit überall in der Christenheit eine zweifache Form der Predigt gegeben hat, nämlich Verkündigung und Lehre, Kerygma und Didache[38]. Diese beiden Begriffe werden unglücklicherweise ständig durcheinandergeworfen, obwohl jeder von ihnen, jedenfalls nach paulinischem Sprachgebrauch, etwas ganz Verschiedenes bezeichnet. Verkündigung, Kerygma, ist die missionarische Predigt an Juden und Heiden. Inhalt der missionarischen Predigt war die Botschaft vom gekreuzigten und auferstandenen Herrn und von seiner Wiederkunft. Die älteste Zusammenfassung des Kerygma steht 1 Kor 15, 3–5: „Jesus ist gestorben für unsere Sünden nach der Schrift und begraben worden. Aber Gott hat ihn auferweckt am 3. Tage nach der Schrift, und er ist Kephas erschienen, danach den Zwölfen." Also die Verkündigung von Christus, die Botschaft, daß er uns versöhnt hat und unser Friede ist, das ist das Kerygma. Vom Kerygma ist zu unterscheiden die Didache, die Lehre, die Predigt an die Gemeinde. Wendet sich das Kerygma nach außen, so die Didache nach innen. Jeder Gottesdienst begann mit der Didache. Apg 2, 42 haben wir, würde ich meinen, die Schilderung des Ablaufs eines urchristlichen Gottesdienstes vor uns. Er bestand aus vier Teilen. Den Anfang bildete (1.) die Lehre (Didache) der Apostel, dann folgte (2.) die Koinonia (worunter wahrscheinlich die Tischgemeinschaft zu verstehen ist), hieran schloß sich (3.) das Brotbrechen, die Eucharistie an, und den Abschluß bildeten (4.) die Gebete. Die Lehre, die Unterweisung steht also am Anfang des Gottesdienstes, und dafür haben wir auch sonst Belege.
Welches ist nun der Inhalt der Didache im Unterschied zum Kerygma? Dodd antwortet in seinen Arbeiten: sie bietet die Weisungen für die christliche Lebensführung (ethical instruction) dar. Das ist grundsätzlich richtig. Nur muß Dodd, wie wenigstens angedeutet sei, insofern berichtigt werden, als seine Definition der Didache als ethical instruction viel zu eng ist. Die Didache lagert sich näm-

lich nicht etwa nur wie ein äußerer Ring um das Kerygma, sondern das Kerygma wird ständig wiederholt in der Gemeindeunterweisung. Die Didache umschließt a) den Inhalt des Kerygma und b) das, was der Gemeinde gesagt werden muß, und dazu gehört nicht nur „instruction in morals", sondern noch vieles andere wie zum Beispiel die Lehre über die Sakramente und die letzten Dinge (Hebr 6, 2), ferner der Schriftbeweis und der Bericht über Jesu Leben. Wie solch eine Didache aussah, dafür haben wir eine ganze Fülle von Beispielen im Neuen Testament. Mt 6, 5–15 und Lk 11, 1 bis 13 haben wir zwei sehr charakteristisch unterschiedene Didachai vor uns, nämlich zwei Gebetslehren. Wenn man sich die Bestandteile der Mattäusgebetslehre und dann diejenigen der Lukasgebetslehre vergegenwärtigt, sieht man sofort, wodurch sie sich unterscheiden. Die Mattäusgebetsunterweisung umfaßt vier Logien: „Wenn ihr betet, sollt ihr es nicht wie die Heuchler machen, die ihr Gebet öffentlich zur Schau stellen"; „wenn ihr betet, sollt ihr nicht plappern"; „nehmt das Herrengebet als Beispiel für ein Gebet, das nicht plappert" und: „wenn ihr betet, dann sollt ihr vergeben". Wie die Mattäusgebetsdidache besteht auch die Lukasgebetsdidache, Lk 11, 1–13, aus vier Stücken. Zunächst wird Jesus gebeten „Lehre uns beten", und er gibt auf diese Bitte hin den Jüngern das Vaterunser. Dann werden sie im Gleichnis vom bittenden Freund aufgerufen, nicht nachzulassen im Gebet, auch wenn es nicht gleich erhört wird. Hieran schließt sich die erneute Mahnung „Bittet, so wird Gott euch geben". Den Abschluß stellt das Bildwort vom Vater dar, der seinem Sohn die Gabe nicht verweigert. Wir sehen: die Mattäusdidache wendet sich an Menschen, die aus einer Welt kommen, in der man beten gelernt hat, in der aber das Gebet der Gefahr des Mißbrauchs ausgesetzt ist. Ohne Frage haben wir hier eine judenchristliche Didache vor uns. Die Lukasgebetsdidache dagegen wendet sich an Menschen, die beten lernen müssen und denen Mut zum Beten gemacht werden muß. Wir dürfen in ihr eine heidenchristliche Gebetsunterweisung erblicken. Die Bergpredigt als Ganzes nun ist neben dem Jakobusbrief das klassische Beispiel für eine urchristliche Didache.

Wenn wir nach dieser Klarstellung fragen, ob wir etwas darüber aussagen können, zu welchem Zweck die Didache zusammengestellt wurde, welchen „Sitz im Leben" sie hatte, so müssen wir uns ihren Inhalt vergegenwärtigen. Die Bergpredigt hat einen sehr klaren Aufbau. Ihr Thema steht Mt 5, 20: „Wenn eure Gerechtigkeit nicht besser ist als die der Schriftgelehrten und Pharisäer, werdet ihr nicht Einlaß finden in die Königsherrschaft Gottes." Die landläufige Meinung pflegt die Schriftgelehrten und Pharisäer gleichzusetzen. In Wahrheit handelt es sich um ganz verschiedene Gruppen. Die Schriftgelehrten sind die theologischen Lehrer, die eine jahrelange Ausbildung erfahren haben; die Pharisäer dagegen sind nicht Theologen, sondern fromme Laiengruppen überall im Land, Kaufleute, Handwerker, Gewerbetreibende; nur ihre Führer waren Theologen. Nach Josephus gab es in Palästina im ersten Jahrhundert n. Chr. sechstausend Pharisäer. Wenn man den Unterschied zwischen Schriftgelehrten und Pharisäern beachtet, dann sieht man, daß Mt 5, 20 von einer dreifachen Gerechtigkeit die Rede ist, und dem entspricht genau der Aufbau der Bergpredigt: sie handelt nacheinander von der Gerechtigkeit der Theologen, der frommen Laien und der Jünger Jesu. Nach der Einleitung (5, 3–19) und dem Themasatz 5, 20 bringt der erste Teil der Bergpredigt die Auseinandersetzung Jesu mit der Schriftauslegung der Theologen (die sechs großen Antithesen Mt 5, 21–48). Als zweiter Teil folgt seine Auseinandersetzung mit der Gerechtigkeit der Pharisäer; denn Almosengeben, Einhaltung der drei Gebetsstunden und stellvertretendes Fasten sind Kennzeichen dieser frommen Laiengruppen (6, 1–18). Der Schlußteil entfaltet die neue Gerechtigkeit der Jesusjünger (6, 19–7, 27). Das Thema dieser dreigeteilten Didache ist also die Lebensführung der Christen im Unterschied zu der ihrer jüdischen Zeitgenossen. Wir haben mithin in der Bergpredigt eine unter paränetischen Gesichtspunkten getroffene Zusammenstellung von Worten Jesu vor uns und werden schließen dürfen, daß sie etwa im Katechumenenunterricht ihre Stelle hatte oder in der Unterweisung der Neugetauften. Bei Lukas (6, 20–49) ist dieser Katechismus auf Heidenchristen, bei Mattäus (Kap. 5–7) auf Judenchristen zugeschnitten. Haben wir damit für Feldrede und Bergpredigt den „Sitz im Leben" richtig bestimmt, dann ergibt sich eine ganz schlichte, aber entscheidend wichtige Feststellung. Wenn die Bergpredigt ein Katechismus für Taufbewerber oder Neugetaufte ist, *dann ging ihr etwas voran. Es ging voran die Verkündigung des Evangeliums, und es ging ihr voran die Bekehrung, das Überwältigtsein durch die Frohbotschaft.*

C. Die einzelnen Worte Jesu

Nachdem wir die Bergpredigt als Ganzes betrachtet haben, wenden wir uns abschließend den einzelnen Worten Jesu zu, die die Bausteine bilden, aus denen der Bau sich zusammensetzt. Wir hatten schon gesehen, daß sie in der allerältesten Zeit als isolierte Logien überliefert worden waren. Da ergibt sich ein sehr buntes Bild. Denn die Logien, die hier zusammengestellt sind, gehören in die verschiedensten formgeschichtlichen Kategorien. Da sind Selbstaussagen Jesu wie Mt 5, 17: „Ich kam, (das Gottesmaß) zu erfüllen"; als der letzte Gottesbote, der die Offenbarung zur Vollendung bringt, ist Jesus der Verkünder des abschließenden Gotteswillens. In den Antithesen (5, 21–48) wird dieses Sendungsbewußtsein Jesu machtvoll von ihm entfaltet. Mit Recht hat J. Schniewind ferner betont, daß die Seligpreisungen verhüllte Selbstzeugnisse Jesu als des Heilandes der Armen, der Leidtragenden usw. sind (NTD zur Stelle). Auch Mt 5, 18 gehört zu den Selbstzeugnissen, falls das Wort sich nämlich ursprünglich auf die Leidensankündigungen des A. T. bezieht: kein Jota und kein Häkchen von ihnen wird hinfallen. Eine zweite Kategorie bilden die Krisisworte, die davon reden, daß das Gericht vor der Tür steht, wie Mt 5, 25. 26 (versöhne dich, ehe es zu spät ist); Mt 7, 21–23 (vor Gottes Richterstuhl kommt es nicht auf das Herr-Herr-Sagen an, sondern auf die Tat); Mt 7, 24–27 (die Sintflut droht). Sodann sind die Kampfworte gegen die Schriftgelehrten (5, 21–48) und gegen die Pharisäer (6, 1–18) zu nennen; auch andere Worte, wie zum Beispiel das Wort vom Splitter und Balken (7, 3–5) sind vielleicht ursprünglich Kampfworte. Ferner finden wir Sendungsworte. Zu ihnen gehört wahrscheinlich der große Abschnitt 6, 25–34, der das „Sich-sorgend-Abmühen" verbietet, wohl ursprünglich ein Wort an die ausziehenden Sendboten, die sich ganz auf Gott geworfen wissen sollen. Und schließlich – und das ist der Hauptstoff – lesen wir in der Bergpredigt Weisungen Jesu für die Lebensführung seiner Jünger. Hier sind noch einmal die sechs Antithesen zu nennen, an die man ja immer wieder zuerst denkt, wenn von der Bergpredigt die Rede ist, in denen Jesus ein Lebensgebiet nach dem anderen ordnet: die Stellung zum Bruder, zu Frau und Ehe, die Wahrhaftigkeit des Wortes, das Verhalten dem Feind gegenüber (5, 21–48), ferner die Worte vom rechten Almosengeben, Beten und Fasten (6, 1–18), die Mahnung, das Licht leuchten zu lassen (5, 16) und viele andere.

Wenn wir die einzelnen Worte und Wortgruppen, namentlich die an die Jünger gerichteten, je für sich betrachten, dann wiederholt sich die Beobachtung, mit der der 3. Abschnitt schloß (S. 53): wir merken sehr bald, daß wir sie nur richtig verstehen können, wenn wir uns bei jedem Logion klarmachen: *es ging etwas voran.*

An fünf Beispielen möchte ich das zeigen. Der kurze Satz Mt 5, 14: „Ihr seid das Licht der Welt", der die Jünger mit der Sonne vergleicht, ist, ungeschützt für sich genommen, ein Unding. Kann wirklich von diesen Männern, deren Schwächen und deren Versagen die Evangelien nicht beschönigen, gesagt werden, daß sie das Licht sind, das die Welt erleuchtet? Der Vergleich wird aber sofort sinnvoll, wenn ihm unausgesprochen ein anderer Satz vorangestellt wird: „Die Lampe ist angezündet" (Lk 11, 33); „Ich bin das Licht der Welt "(Joh 8, 12).

Als zweites Beispiel sei Mt 6, 15 genannt: „Wenn ihr den Menschen nicht vergebt, dann kann (so ist das zugrundeliegende aramäische Imperfektum hier zu übersetzen) auch euer himmlischer Vater euch nicht vergeben." Wenn wir dieses Wort für sich nehmen, dann scheint es, als ob das Gesetz der Gegenseitigkeit uneingeschränkt wie ein Rechenexempel auf das Verhältnis von Gott und Mensch übertragen würde. Dasselbe Wort kommt aber noch einmal im Mattäusevangelium vor, nämlich als Abschluß des Gleichnisses vom Schalksknecht: „Genau so wird euer himmlischer Vater euch tun, wenn ihr nicht ein jeder seinem Bruder von Herzen vergebet" (18, 35). Hier sehen wir besonders deutlich: es ging etwas voran. Es ging voran der große Schuldenerlaß, von dem das Gleichnis vom Schalksknecht redet. Jetzt ist die Forderung Gottes, daß auch wir vergeben, nicht mehr ein Rechenexempel, sondern eine blanke Selbstverständlichkeit: „So viel, du Schalksknecht, hat dir Gott vergeben; solltest du die kleine Schuld nicht vergeben?"

Ein drittes Beispiel bietet das Wort von der Ehescheidung Mt 5, 31. 32. Es ist für die Menschen der Zeit ein äußerst hartes Wort gewesen, denn die Ehescheidungsgesetzgebung galt als ein großer Vorzug Israels. Hatte doch der Scheidebrief den Zweck, die Frau, die als eine Geschiedene schutzlos war, zu schützen. Denn er verbriefte ihr das Recht, sich wieder unter den Schutz eines Mannes zu stellen. Jesu Verbot der Scheidung mußte aber nicht nur deshalb als ein überaus hartes Wort empfunden werden, weil es einen Vorzug Israels antastete, sondern noch mehr, weil Jesus Kritik am Gesetz (Dtn 24, 1) übte. Diese Kritik an der Thora wird erst voll verständlich, wenn wir das Verbot der Ehescheidung in den Kontext des Ehescheidungsgespräches stellen (Mk 10, 2–12), in dessen Verlauf Jesu Gegner sich auf Moses berufen, während Jesus auf die Schöpfungsgeschichte zurückgreift. Dem Verbot der Ehescheidung ging also die Verkündigung voran, daß die Zeit des Gesetzes abgelaufen ist, weil die Heilszeit im Anbruch ist, in der wieder der Urwille, der reine Paradieseswille Gottes Geltung hat.

Als viertes Beispiel nenne ich das Gebot der Feindesliebe (Mt 5, 44. 45), das schwerste der Gebote: „Ich aber sage euch, erweist euren Gegnern Liebe, tut Fürbitte für die, die euch verfolgen, auf daß ihr Söhne eures himmlischen Vaters werdet, der die Sonne aufgehen läßt über Böse und Gute und den Regen fallen läßt auf Gerechte und Ungerechte". Wieder ging der Forderung Jesu etwas voran: die Botschaft von dem himmlischen Vater, die sich wie ein roter Faden durch die Bergpredigt hindurchzieht, und von der Grenzenlosigkeit seiner Güte.

Als letztes Beispiel sei das Wort vom Schlag auf die Wange herausgegriffen, dieses viel mißhandelte Wort: „Ihr habt gehört, daß gesagt ist: Auge um Auge, Zahn um Zahn. Ich aber sage euch: Ihr sollt nicht prozessieren (so ist zu übersetzen) mit dem, der euch beleidigt (wörtlich: mit dem Schlechten), sondern wenn du einen Schlag auf die rechte Wange bekommst, dann biete auch die andere dar" (5, 38 f). Die Einleitung „Ihr habt gehört, daß gesagt ist: Auge um Auge, Zahn um Zahn" sagt den Hörern Jesu sofort etwas ganz Konkretes, nämlich daß Jesus sich jetzt mit dem Zivilrecht befassen will. Das sogenannte Talionsrecht wurde nämlich zur Zeit Jesu nicht mehr buchstäblich ausgeführt, sondern bildete die Grundlage des gesamten Zivilrechts. Man entnahm ihm die Vorschrift, daß sich die Schwere des Vergehens und die Höhe der Strafe entsprechen sollten. Jesus sagt demgegenüber seinen Jüngern: Was den Rechtsschutz durch das Zivilrecht anlangt, so verbiete ich euch die Klage, wenn ihr beleidigt werdet. Als Beispiel wählt er eine besonders kränkende Beleidigung. Denn der Schlag auf die rechte Wange, der Schlag mit dem Handrücken, ist noch heute im Orient der entehrende Schlag. Jedoch redet Jesus – das ist sehr wesentlich für das Verständnis – nicht von Beleidigung schlechthin; vielmehr ist der entehrende Schlag aus einem ganz bestimmten Anlaß erfolgt: er trifft den Jünger Jesu als Ketzer. Das wird zwar nicht ausdrücklich gesagt, ergibt sich aber aus der Beobachtung, daß es sich an allen Stellen, an denen Jesus von Beleidigung, Verfolgung, Verfluchung,

Entehrung der Jünger redet, um Schmach handelt, die sie um der Jüngerschaft willen trifft. Wenn du als Ketzer entehrt wirst, sagt Jesus, dann sollst du nicht den Rechtsweg beschreiten; dann sollst du dich vielmehr in der Fähigkeit, den Haß und die Beschimpfung zu tragen, Böses zu überwinden, Unrecht zu vergeben, als mein Jünger bewähren. Wieder ging etwas voran: der Eintritt in die Nachfolge Jesu und das öffentliche Bekenntnis zu ihm, durch das der fanatische Haß erst provoziert wird. Möglicherweise können wir noch genauer präzisieren, was voranging, wenn wir fragen: wie kommt Jesus darauf, gerade den Schlag auf die beiden Wangen zum Beispiel zu nehmen? Der Anlaß könnte natürlich die konkrete Erfahrung gewesen sein, daß einer der Jünger in dieser Weise entehrt worden war. Vielleicht ist aber die Feststellung nicht belanglos, daß es im gesamten Alten Testament nur eine einzige Stelle gibt, die vom freiwilligen Erdulden des Schlages auf beide Wangen redet. Das ist Jes 50, 6, wo der Prophet sagt: „Ich bot meinen Rücken denen dar, die mich schlugen, und meine Wangen (im Plural!) denen, die mich rauften." Steht diese Schriftstelle vor Jesu Augen[39], dann besagt das Wort vom Schlag auf die Wange, daß Jesus den Jüngern das Prophetenschicksal ankündigte. Dann aber ging diesem Wort die Sendung voran, bei der Jesus die Jünger in die Reihe der Propheten stellte, und die Ankündigung, daß auch ihm selbst das Leidensschicksal bestimmt sei. Es geht also bei dem Wort vom Ketzerschlag nicht – noch einmal sei es gesagt – um die Reaktion auf eine beliebige Beleidigung, sondern um Schmach in der Nachfolge des leidenden Heilands. Trifft die Jünger um des Bekenntnisses zu Jesus willen der entehrende Schlag, dann sollen sie ihm freudig das Kreuz nachtragen.

Es ging etwas voran. Jedem Wort der Bergpredigt ging etwas voran. Es ging voran die Predigt von der Königsherrschaft Gottes. Es ging voran der Zuspruch der Kindschaft an die Jünger (Mt 5, 16; 5, 45; 5, 48 u. ö.). Es ging voran die Selbstbezeugung Jesu in Wort und Tat. Das Vorbild Jesu steht hinter jedem Wort der Bergpredigt. Das aber bedeutet: die Weisungen der Bergpredigt sind aus dem ursprünglichen Zusammenhang gerissen, der uns aber, wie wir gesehen haben, in vielen Fällen glücklicherweise durch Parallelstellen noch erhalten ist. Sie sind gewissermaßen lauter Nachsätze, die unverständlich werden ohne den Vordersatz und auch damals, als sie von Jesus gesprochen wurden, unverständlich gewesen wären ohne den Vordersatz. Es ist, wenn ich es zugespitzt sagen darf, zu jedem Wort der Bergpredigt als Vordersatz zu ergänzen: „Dir sind deine Sünden vergeben" (Mt 9, 2). Also: „Dir sind deine Sünden vergeben"; nun gilt: „Solange du noch auf dem Wege bist mit deinem Gegner, versöhne dich eiligst mit ihm" (V. 25). „Euch sind eure Sünden vergeben"; nun gilt: „Wenn ihr den Menschen nicht vergebt, kann auch euer Vater eure Fehle nicht vergeben" (6, 15). „Euch sind eure Sünden vergeben"; nun gilt: „Erweist euren Feinden Liebe und tut Fürbitte für eure Verfolger" (5, 44). *Das Evangelium ging voran.* Richtiger: die Logien Jesu, die in der Bergpredigt zusammengestellt sind, sind Bestandteil des Evangeliums. Zu jedem dieser Worte gehört die Botschaft: der alte Äon ist im Vergehen. Ihr seid durch die Verkündigung des Evangeliums und durch die Jüngerschaft in den neuen Äon Gottes hineinversetzt. Und nun sollt ihr wissen: so sieht das Leben aus, wenn ein Mensch zum neuen Äon Gottes gehört. So sieht die Kindschaft aus. So sieht der gelebte Glaube aus. So sieht das Leben derer aus, die in der Heilszeit Gottes stehen, die befreit sind aus der Macht des Satans und an denen sich das Wunder der Jüngerschaft vollzieht.

Daß die Bergpredigt – scheinbar – nur die Nachsätze bringt und den Vordersatz wegläßt, hat nichts Überraschendes, sobald man sich daran erinnert, daß sie in ihrer heutigen Gestalt ein urchristlicher Katechismus ist. Sie verfolgt als solcher ein ganz bestimmtes pädagogisches Ziel: sie will den jungen Christen, die die Botschaft von Jesus Christus nicht nur gehört haben, sondern ihr auch das Herz geöffnet haben, zeigen, wie ihr künftiges Leben aussehen soll. Da war der Vordersatz, wenn ich so sagen darf, durch die Situation gegeben. Zum Kerygma tritt jetzt die Didache. Im übrigen fehlt ja doch der Vordersatz nur scheinbar. Er eröffnet die Bergpredigt in Gestalt der Seligpreisungen (5, 3–12) und der Worte über die Herrlichkeit der Jüngerschaft (5, 13–16). Diese beiden Abschnitte umschließen die ganze Bergpredigt, so wie bei einer mathematischen Formel die Zahl vor der Klammer für jede Größe in der Klammer gilt. Sie gelten für jedes Wort der Bergpredigt, werden nur nicht jedes Mal wiederholt.

Es ging etwas voran. Von dieser für das Verständnis der Bergpredigt schlechterdings entscheidenden Erkenntnis aus wird zweierlei verständlich. Erstens wird nur von ihr aus *die Schwere der Forderung Jesu* verständlich. Seine Jüngerlehre ist zu Menschen gesagt, die durch die Frohbotschaft schon jetzt der Macht des Satans entnommen sind, die schon jetzt in der Königsherrschaft Gottes stehen und ihre Art ausstrahlen. Sie ist zu Menschen gesagt, die die Vergebung empfangen haben, die die köstliche Perle gefunden haben, die zur Hochzeit geladen sind, die durch den Glauben an Jesus zur neuen Schöpfung, zur neuen Welt Gottes gehören. Sie ist zu Menschen gesagt, in deren Leben die große Freude angebrochen ist, von der das Gleichnis vom Schatz im Acker redet, in dem der Mann vor Freude hingeht und alles hingibt, was er hat. Sie ist zu verlorenen Kindern gesagt, die der Vater wieder ins Vaterhaus aufgenommen hat. Ihnen sagt Jesus: Ihr dürft schon jetzt in der Heilszeit leben. Aber zur Heilszeit gehört auch, daß der Gotteswille in seinem ganzen Ernst gilt. Denn Gegenwart der Königsherrschaft Gottes heißt: Gültigkeit des Gottesrechtes der kommenden Welt. Dieses Gottesrecht ist souveräne Vergebung und heiliger Wille Gottes zugleich. Zuspruch der Vergebung ist Anspruch Gottes auf das Leben. Das sagt Jesus, und er scheut dabei den Imperativ nicht, das „Du sollst". Du sollst nun wirklich dem Bruder nicht zürnen, den unreinen Blick meiden, die volle Wahrheit reden, den Feind lieben. Nur von der Größe der Gabe Gottes her wird die Schwere der Forderung Jesu verständlich.

Von der Erkenntnis her, daß der Jüngerlehre der Bergpredigt etwas voranging, wird auch ein Zweites verständlich: *die Lückenhaftigkeit der Bergpredigt* (H. Girgensohn). Was Jesus in den Worten, die in der Bergpredigt zusammengestellt sind, sagt, ist keine vollständige Regelung des Lebens der Jünger und will das auch nicht sein; sondern was er hier sagt, sind Symptome, Zeichen, Beispiele dafür, wie es ist, wenn die Königsherrschaft Gottes in diese Welt, die noch unter Sünde, Tod und Teufel steht, hereinbricht. Jesus sagt gewissermaßen: Ich will euch an einigen Beispielen zeigen, wie das neue Leben aussieht, und das, was ich euch an diesen Beispielen zeige, das sollt ihr auf alle Gebiete des Lebens übertragen. Ihr sollt selber Zeichen der kommenden Königsherrschaft Gottes sein, Zeichen dafür, daß etwas geschehen ist. Es soll sich an eurem Leben, und zwar in allen Lebensbereichen über das hinaus, was ich nenne, vor der Welt bewähren, daß die Königsherrschaft Gottes im Anbruch ist. An eurem in der Basileia, der Königsherrschaft Gottes, verwurzelten Leben soll der Sieg der Königsherrschaft Gottes sichtbar werden. Aber wer kann das? Wir sind sehr armselige, hin und her geworfene, schwankende Menschen. Die Jünger haben diese Frage gestellt, und Jesus hat sie aufgenommen. Seine Antwort auf diesen Einwand steht Mt 5, 14. Dieses Wort ist in einer Stunde gesagt, in der die Jünger auf ihr Unvermögen, ihre Schwachheit hinwiesen. Da hat Jesus geantwortet: „Die Stadt auf dem Berge kann nicht verborgen bleiben." Gerhard von Rad hat uns in einer schönen Untersuchung gezeigt, daß hier nicht von einer beliebigen Stadt, sondern von der eschatologischen Gottesstadt die Rede ist[40]. Ihr Licht, sagt Jesus, strahlt in die Welt. Ihr gehört ihr an. In der eschatologischen Gottesstadt braucht es keine krampfhaften Anstrengungen; sie leuchtet von selbst.

D. Nicht Gesetz, sondern Evangelium

Die Bergpredigt, das ist unser Ergebnis, ist nicht Gesetz, sondern Evangelium. Denn das ist doch der Unterschied zwischen Gesetz und Evangelium: Das Gesetz stellt den Menschen auf die eigene Kraft und ruft ihn auf, das Äußerste einzusetzen. Das Evangelium dagegen stellt den Menschen vor die Gabe Gottes und ruft ihn auf, die unaussprechliche Gabe wirklich zur Grundlage des Lebens zu machen. Das sind zwei Welten. Um den Unterschied deutlich herauszustellen, sollte man in der neutestamentlichen Theologie die Ausdrücke christliche Ethik, christliche Sittlichkeit, christliche Moral vermeiden, weil diese säkularen Ausdrücke inadäquat und mißverständlich sind. Man sollte statt dessen vom gelebten Glauben reden. Denn damit ist klar gesagt, daß Gottes Gabe seiner Forderung voranging.

Wenn wir noch einmal die Trias aufnehmen, mit der wir begannen, so können wir jetzt feststellen: Die Worte Jesu, die in der Bergpredigt zusammengestellt sind, wollen nicht ein gesetzliches Joch auf Jesu Jünger legen, weder in dem Sinn, daß sie sagen: „Das alles mußt du tun, damit du selig wirst", noch in dem Sinn: „Das alles solltest du eigentlich tun; nun sieh, wie armselig du bist", noch auch in dem dritten Sinn: „Nun reiß dich zusammen; es geht um den Endsieg", sondern diese Worte Jesu schildern den gelebten Glauben. Sie sagen: Dir ist vergeben, du bist Gottes Kind, du gehörst zu seiner Herrschaft. Die Sonne der Gerechtigkeit ist aufgegangen auch über deinem Leben. Du gehörst nicht mehr dir selbst, sondern du gehörst zur Gottesstadt, deren Licht in das Dunkel strahlt. Nun darfst du es erfahren: Aus der Dankbarkeit des erlösten Gotteskindes erwächst ein neues Leben. Das ist der Sinn der Bergpredigt.

IV. „Das ist mein Leib..."

Wer es versucht, dem Verständnis der Worte, die Jesus bei seinem letzten Mahl zu seinen Jüngern sprach, ein wenig näher zu kommen, muß sich vor einem Fehler hüten: er darf nicht sofort mit den Einsetzungsworten beginnen. Vielmehr muß er sich zunächst den Rahmen vergegenwärtigen, innerhalb dessen sie gesprochen worden sind. Mit anderen Worten: die Einsetzungsworte dürfen nicht isoliert werden. Dieser Fehler ist nicht immer vermieden worden. Ja, man wird sagen müssen, daß die Isolierung der Einsetzungsworte Jahrhunderte lang verhängnisvolle Folgen gehabt hat: sie wurden zur geheimnisvollen magischen Formel und ihr eschatologischer (= auf die endzeitliche Sendung Jesu bezogener) Sinn ging verloren.

A. Die Tischgemeinschaft

Wollen wir der Gefahr entgehen, die Abendmahlsworte zu isolieren, so müssen wir bei der Tatsache einsetzen, daß das letzte Mahl Jesu *ein* Glied, wenn auch das wichtigste, in einer langen Kette von Mahlzeiten ist, die Jesus mit seinen Jüngern hielt und die diese nach Ostern fortgesetzt haben. Anhand von sechs Beobachtungen möchte ich zeigen, was die Tischgemeinschaft mit Jesus für seine Jünger bedeutete.

1. Für den Morgenländer hat die Tischgemeinschaft einen tieferen Sinn als für uns Abendländer. Sie ist mehr als nur ein geselliger Zusammenschluß. Man kann das etwa an den sogenannten Vätergeschichten ablesen. Da will etwa Abimelech einen Bund schließen mit Isaak. Wie geschieht das? „Er (Isaak) bereitete ihnen ein Mahl und sie aßen und tranken, und am anderen Morgen schwuren sie einander den Eid" (Gen 26, 30 f). Nicht anders ist es bei dem Vertrag, den Laban mit seinem Schwiegersohn Jakob schließt: „Danach schlachtete er (Jakob) ein Opfer auf dem Berge und lud seine Verwandten ein, das Mahl zu halten" (Gen 31, 54). Die Tischgemeinschaft ist Zeichen der Gewährung des Friedens, des Vertrauens, der Bruderschaft, der Vergebung. Tischgemeinschaft ist Lebensgemeinschaft. Ein besonders eindrucksvolles Beispiel für die Aussagekraft der gemeinsamen Mahlzeit bietet der Schluß des 2. Königbuches. Dort wird berichtet von Jojachin, dem letzten recht-

mäßigen König von Juda, der das tragische Geschick hatte, im Dezember 598 v. Chr. mit 18 Jahren an die Regierung zu kommen, aber schon nach drei Monaten, im März 597, beim Fall seiner Hauptstadt Jerusalem in die Hände des babylonischen Königs Nebukadnezar zu geraten. Fast vier Jahrzehnte lang, bis zum Tode Nebukadnezars, mußte er in Babylon als Deportierter im Gefängnis schmachten. Aber dann geschah es: „Im 37. Jahr nach der Wegführung des Königs Jojachin von Juda, am 27. Tag des 12. Monats" (so wichtig ist das Ereignis, daß es auf den Tag genau datiert wird!) „begnadigte Evil-Merodach, der König von Babel, im 1. Jahr seiner Regierung den König Jojachin von Juda. Er befreite ihn aus dem Kerker und redete freundlich mit ihm . . . Er durfte seine Gefängniskleider ablegen und beständig an der königlichen Tafel essen, sein ganzes Leben lang" (2 Kön 25, 27–29 = Jer 52, 31–33). Der neu zur Herrschaft gekommene babylonische König Evil-Merodach zieht einen Strich unter die Vergangenheit und erläßt eine Thronbesteigungsamnestie. Durch die Gewährung der Tischgemeinschaft an den Gefangenen proklamiert er sie vor aller Welt.

2. Im antiken Judentum lebte diese Hochschätzung der Tischgemeinschaft fort. Doch kam hier ein völlig neuer Faktor hinzu: die Tischgemeinschaft wurde jetzt durch das Tischgebet hergestellt. Wenn die Familie sich zur Mahlzeit versammelt hatte, nahm der jüdische Hausvater einen Fladen Brotes, hob ihn allen sichtbar hoch und sprach über ihm stellvertretend für alle den Lobspruch: „Gepriesen seist Du, Herr, unser Gott, König der Welt, der das Brot aus der Erde hervorgehen läßt!" Die Tischgenossen machten sich diesen Lobspruch mit „Amen" zu eigen, und danach riß der Hausvater für jeden Tischgenossen ein mindestens olivengroßes Stück von dem Fladen ab. Zuletzt brach er ein Stück für sich selber ab, aß es und gab dadurch den Tischgenossen das Zeichen, ebenfalls ihr Brotstück zu essen. Durch das Essen vom „Segensbrot" erhielt jeder Teilnehmer der Mahlzeit Anteil an dem vom Hausvater gesprochenen Lobspruch. Das Brotbrechen war die Vermittlung des Segens. In ähnlicher Weise wurde *nach* der Mahlzeit ein Dankgebet gesprochen: Der Hausvater (bzw. der von ihm aufgeforderte Vornehmste der Gäste) sprach im Sitzen die Aufforderung: „Lasset uns preisen Jahwe, unseren Gott, dem gehört, was wir genossen haben!", worauf die Tischgenossen respondierten: „Gepriesen sei unser Gott für die Speise, die wir gegessen haben!" Hierauf ergriff

er den „Segensbecher" (1 Kor 10, 16) mit der rechten Hand, hielt ihn eine Hand breit über den Tisch und sprach, die Augen auf den Becher richtend, das Nach-Tisch-Gebet, das in Jesu Tagen vermutlich die folgende Gestalt gehabt hat:

(1) „Gepriesen seist Du, Herr, unser Gott, König der Welt, der Du die ganze Welt ernährst mit Güte, Gnade, Barmherzigkeit.

(2) Wir danken Dir, Herr, unser Gott, daß Du uns ein gutes und weites Land hast in Besitz nehmen lassen.

(3) Erbarme Dich, Herr, unser Gott, über Israel, Dein Volk, und über Jerusalem, Deine Stadt, und über Zion, die Wohnung Deiner Herrlichkeit, und über Deinen Altar und über Deinen Tempel. Gepriesen seist Du, Herr, der Du Jerusalem baust!"

Wieder eigneten sich die Tischgenossen das Gebet mit „Amen" an und erhielten sie Anteil an der Segnung, dieses Mal dadurch, daß sie aus dem kreisenden Becher tranken.

Wir wissen nicht, wann und wo der fromme Brauch des regelmäßigen Gebetes vor und nach Tisch aufgekommen ist; es spricht viel dafür, daß er zuerst in pharisäischen Kreisen geübt wurde[41]; in Jesu Tagen war er allgemein eingebürgert. Durch das Tischgebet gewann die Mahlgemeinschaft eine völlig neue Tiefendimension: jede Mahlzeit wurde aus dem Bereich des Profanen in den des Religiösen erhoben, wurde aus einer geselligen Veranstaltung zum Zusammenschluß unter Gottes Augen. Die Speise „wird geheiligt durch Gottes Wort und Gebet" (1 Tim 4, 5). Eben darum war es religiöse Pflicht für die Frommen, gleichviel ob Theologen (Schriftgelehrte) oder Laien (Pharisäer), die Tischgemeinschaft rein zu erhalten und sich nicht mit unfrommen Menschen an einen Tisch zu setzen. „Ein Theologe ... soll nicht mit gesetzesunkundigen Leuten Tischgemeinschaft haben"[42].

3. Tischgemeinschaft mit Jesus ist mehr: sie kündigt den Anbruch der Heilszeit an[48]. Jesus hat das neue Gottesvolk, das er um sich scharte, gern als Ersatz für die Familie bezeichnet, die er selbst und die ihn begleitenden Jünger hatten aufgeben müssen (Mk 10, 29 f). In der endzeitlichen Gottesfamilie ist er der Hausvater, sind die Seinen die Haus- und Tischgenossen (Mt 10, 25); die älteren Frauen, die sein Wort hören, sind seine Mütter, die Männer und Jünglinge seine Brüder (Mk 3, 34). Zugleich sind sie alle die Kleinen, die Kinder, ja die Kleinsten der Familie (Mt 11, 25), die Jesus, obwohl

sie dem Lebensalter nach Erwachsene sind, als Kinder anredet (Mk 10, 24). In Erscheinung tritt die „Familie Gottes" vor allem in den Mahlgemeinschaften, bei denen Jesus als Hausvater das Tischgebet spricht und das Brot bricht (Mk 6, 41; 8, 6; 14, 22–24). Das Erstaunliche ist, daß zu den Tischgenossen der Gottesfamilie Sünder und Zöllner gehören. Der Morgenländer, für den die symbolische Handlung viel mehr besagt als für uns, verstand unmittelbar, daß die Annahme der religiös und moralisch Geächteten in die Tischgemeinschaft mit Jesus das Angebot des Heils an die Sünder und den Zuspruch der Vergebung bedeutete. „Wer Sünder aufnimmt, übt Nachsicht mit ihren Sünden", heißt es in der samaritanischen Liturgie[44]. Nur von hier aus versteht man die grenzenlose Dankbarkeit etwa des Zachäus, als Jesus bei ihm, dem verhaßten Oberzöllner, einkehrt (Lk 19, 1–10), nur so aber auch den leidenschaftlichen Protest der Pharisäer, der als Aufforderung an die Jünger gemeint ist, sich von einem Mann zu trennen, der sich mit gottlosen Gesellen einließ (Mk 2, 16; Lk 15, 2; vgl. 19, 7). Es ist Jesu Botschaft von dem Gott, der es mit den Sündern zu tun haben will, die in der Tischgemeinschaft mit den Verachteten ihren deutlichsten, zugleich aber auch ihren anstößigsten Ausdruck fand.

4. Das Petrusbekenntnis von Caesarea Philippi (Mk 8, 29) gab der Tischgemeinschaft mit Jesus einen noch tieferen Sinn. Denn wenn Jesus der Messias war, dann war jedes Mahl mit ihm für seine Jüngerschar eine Vorausdarstellung, eine Vorwegnahme (richtiger sollten wir Vorweggabe sagen) des Mahles der Heilszeit. Seit jener Stunde war das Essen und Trinken mit dem Meister nicht weniger als die Gemeinschaft der erlösten Gemeinde mit dem Erlöser, Hochzeitsfest, Unterpfand des Anteils am ewigen Mahl. Seit dem Petrusbekenntnis proklamiert jede Tischgemeinschaft mit Jesus:

> Die Messiaszeit hat begonnen;
> Messiaszeit ist Erlösungszeit;
> Messiaszeit ist Vergebungszeit:

Heute schon dürfen verirrte Kinder heimkehren und sich an den Tisch des Vaters setzen.

5. Die Apostelgeschichte erzählt, daß die Glieder der Urgemeinde in Jerusalem täglich zur gemeinsamen Mahlzeit zusammenkamen (2, 46; 6, 1). Sie setzten damit die Tischgemeinschaft fort, die Jesus

den Jüngern während seines Erdenlebens geschenkt hatte. Paulus und Lukas berichten, die Gemeinde habe sich auf eine Weisung Jesu berufen, die er beim letzten Mahl gegeben habe: „Solches tut zu meinem Gedächtnis." Der Imperativ „Solches tut!" fordert dazu auf, ein Tun, eine Handlung zu wiederholen, und damit kann schwerlich etwas anderes als das unmittelbar vorher genannte Brechen und Verteilen des Brotes (nach Paulus außerdem das Kreisenlassen des Kelches) gemeint sein. Der Wiederholungsbefehl besagt also nicht (wie er gewöhnlich interpretiert wird), daß Jesu Jünger die Deuteworte wiederholen sollten, sondern daß sie das gemeinsame Brotbrechen fortsetzen und in der Tischgemeinschaft immer wieder als die Messiasgemeinde sichtbar werden sollten. Als Zweck dieses In-Erscheinung-Tretens der Heilsgemeinde wird genannt: „zu meinem Gedächtnis". Das ist eine Formel, die schon im Alten Testament begegnet und die in Jesu Umwelt überaus geläufig war. Sie wurde überwiegend vom Gedenken Gottes gebraucht, so daß der Wiederholungsbefehl etwa wie folgt zu umschreiben ist: „Schließt euch weiterhin in der Tischgemeinschaft zur Messiasgemeinde zusammen, damit Gott meiner gedenke!" Wie ist das „Gedenken Gottes" zu verstehen? Eines der gebräuchlichsten Gebete der Zeit, das am Passafest in das Nach-Tisch-Gebet eingeschoben wurde, bittet Gott, daß er des Messias gedenke – nämlich durch Herbeiführung der großen Wende. Genauso ist der Wiederholungsbefehl gemeint. Die Jünger Jesu sollen sich immer wieder beim gemeinsamen Mahl zur Gemeinde zusammenschließen und dadurch Gott um die Herbeiführung der Vollendung anflehen. Die Gemeinde ist also nicht passiv, nur auf den Empfang der Gaben Gottes eingestellt, wenn sie Tischgemeinschaft übt, sondern sie ist in eminentem Sinn aktiv: mit jedem ihrer Zusammenschlüsse proklamiert sie das begonnene Heilswerk und bestürmt sie Gott, es zu vollenden.

6. Dasjenige Problem, das die Urkirche im Blick auf die Tischgemeinschaft mehr als jedes andere umgetrieben hat, war die Frage, ob die Zulassung zum Herrenmahl begrenzt werden sollte. Die strengen Judenchristen vertraten diese Ansicht. Ihnen war es geläufig, daß ein frommer Jude nicht mit einem Heiden essen durfte (Apg 11, 3). Darum mußten sich die antiochenischen Judenchristen harte Vorwürfe seitens der Jerusalemer Anhänger des Herrenbruders Jakobus gefallen lassen, weil sie mit den Heidenchristen gegessen hatten; selbst Petrus und, zum besonderen Kummer des

Paulus, sein Mitarbeiter Barnabas wagten es nicht, weiterhin das Herrenmahl gemeinsam mit den Heidenchristen zu feiern (Gal 2, 11 bis 13), bis Paulus in aller Öffentlichkeit mit äußerster Schärfe protestierte (V. 14–21). Daß ebenso wie in Jerusalem (Apg 11, 3; Gal 2, 12) auch in Rom (Röm 14, 1–15, 13) keine Tischgemeinschaft zwischen Juden- und Heidenchristen existierte, macht es sehr wahrscheinlich, daß auch sonst außerhalb des paulinischen Bereichs beide Gruppen die Mahlfeiern getrennt hielten. Paulus hat diesen Zustand für unerträglich gehalten. Zwar wies er seine Gemeinden an, den Ausschluß von der Mahlgemeinschaft als Kirchenzuchtmaßnahme gegenüber renitenten Sündern zu praktizieren (1 Kor 5, 11 vgl. V. 9; 2 Tess 3, 14), im übrigen aber hat er leidenschaftlich gegen jede Trennung beim Herrenmahl gekämpft. Seine Begründung ist klar und einfach: Starb Christus nicht für den Bruder (Röm 14, 15)? Seid ihr nicht beide ganz und gar auf die vergebende Gnade geworfen (Gal 2, 15 f)? Siehst du nicht, wie der Bruder Gott über der Speise preist (Röm 14, 6)? Gehört ihr nicht beide, er und du, im Leben und im Sterben demselben Herrn (14, 7 ff)? Darum: Gewährt einander Gemeinschaft (14, 1; 15, 7), wie Christus sie uns gewährt hat Gott zur Ehre (15, 7).

Das Mahl am Gründonnerstag war die letzte der irdischen Tischgemeinschaften Jesu mit seinen Jüngern. Wir können es nur dann richtig verstehen, wenn wir es als Glied dieser langen Kette begreifen, als eine der Vorweggaben der Vollerfüllung, als Aktualisierung der Heilszeit. Das Besondere dieser letzten Tischgemeinschaft sind die Deuteworte. Wir betrachten zunächst die Texte und fragen dann nach ihrem Sinn.

B. Die Deuteworte

Die Worte, die Jesus beim letzten Mahl gesprochen hat, sind uns fünffach überliefert, ein Hinweis darauf, wie wichtig sie der Urkirche waren:

1 Korinther 11, 23–25	Lukas 22, 19f	Markus 14, 22–24	Matthäus 26, 26–28
Ich habe vom Herrn her überkommen, was ich euch überliefert habe:			
Der Herr Jesus, in der Nacht, in der er dahingegeben wurde,	Und	Und als sie aßen,	Als sie aber aßen,
nahm Brot	nachdem er Brot genommen	nachdem er Brot genommen	nachdem Jesus Brot genommen
und nach dem Dankgebet	(und) das Dankgebet gesagt hatte,	(und) den Lobspruch gesagt hatte,	und den Lobspruch gesagt hatte,
brach er (es)	brach er (es)	brach er (es)	brach er (es),
	und gab (es) ihnen	und gab (es) ihnen	und nachdem er es den Jüngern gegeben hatte,
und sagte:	mit den Worten:	und sagte:	sagte er:
		nehmt,	nehmt, eßt,
Dieses ist	Dieses ist	dieses ist	dieses ist
mein Leib,	mein Leib,	mein Leib.	mein Leib.
der für euch ist;	der für euch gegeben (werden) wird;		

Johannes 6, 51c   Das Brot, das ich geben werde, ist mein Fleisch für das Leben der Welt.

so sollt ihr es halten,	so sollt ihr es halten,		
damit meiner gedacht werde.	damit meiner gedacht werde.		
In derselben Weise auch den Becher nach Tisch	Und den Becher ebenso nach Tisch	Und nachdem er einen Becher genommen (und) Dank gesagt hatte,	Und nachdem er einen Becher genommen und Dank gesagt hatte,
		gab er (ihm) ihnen und sie tranken alle aus ihm,	gab er (ihn) ihnen
mit den Worten:	mit den Worten:	und er sagte zu ihnen:	mit den Worten: Trinkt alle aus ihm,
Dieser Becher ist	Dieser Becher	Dieses ist	denn dieses ist
der neue Bund kraft meines Blutes.	der neue Bund kraft meines Blutes,	mein Bundesblut,	mein Bundesblut,
	das für euch vergossen (werden) wird.	das vergossen (werden) wird für viele.	das für viele vergossen (werden) wird
So sollt ihr es halten, so oft ihr es (Wein) trinkt, damit meiner gedacht werde.			zur Vergebung der Sünden.

1. Paulus

Der Bericht des Apostels Paulus über das letzte Mahl Jesu, der kurz vor Ostern (1 Kor 5, 8; 16, 8) wahrscheinlich des Jahres 54 niedergeschrieben wurde, ist der älteste der fünf Texte. Vielleicht aber ist es richtiger, die Bezeichnung von 1 Kor 11, 23 b–25 als ältester Text dahin zu modifizieren, daß wir sagen: es ist der älteste *niedergeschriebene* Text, weil wir auf diese Weise die Möglichkeit offenhalten, daß die Paralleltexte (oder einer von ihnen) Formulierungen enthalten könnten, die ein älteres Stadium repräsentieren als 1 Kor 11, 23 b–25.

Der Apostel führt seinen Bericht über die Einsetzung des Herrenmahles mit der Wendung ein: „Ich habe als auf den Herrn zurückgehende (so ist das im Griechischen stehende *apo* gemeint) Überlieferung überkommen, was ich euch überliefert habe ...“ (1 Kor 11, 23 a); er betont also, daß er den anschließenden Text der Überlieferung verdankt (vgl. 1 Kor 15, 3). Das wird durch die Beobachtung bestätigt, daß der Abschnitt 1 Kor 11, 23 b–25 eine Fülle von Wendungen aufweist, die sich sonst bei Paulus nicht finden[45]. Die Feststellung, daß sich der Apostel einer ihm sonst fremden Begrifflichkeit bedient, beweist, daß wir es mit vorpaulinischer Überlieferung oder richtiger: mit einer vorpaulinischen Formel zu tun haben. Diese Formel beginnt damit, daß sie den Ritus des Tischgebetes *vor* der Mahlzeit schildert: „Der Herr Jesus, in der Nacht, in der er dahingegeben wurde, nahm Brot und nach dem Dankgebet brach er es und sagte: Dieses ist mein Leib, der für euch ist.“ Wenn Paulus dann fortfährt: „In derselben Weise auch den Becher nach Tisch“, so nimmt er Bezug auf das Dankgebet *nach* der Mahlzeit. Damit stehen wir vor einer wichtigen Erkenntnis: in der alten vorpaulinischen Formel sind die Abendmahlsworte mit dem Tischgebet vor und nach der Mahlzeit verbunden.

2. Markus

Der zweitälteste niedergeschriebene Text ist der des Markus, wahrscheinlich aus den frühen siebziger Jahren des ersten Jahrhunderts. Vergleichen wir zunächst den Rahmen, so berührt sich die Einführung des Deutewortes zum Brot weitgehend mit Paulus; nur wird mit einem vierten Verbum das „Hinreichen“ des Brotes („er gab ihnen“) erwähnt. Ferner heißt es bei Markus nicht „er sprach das Dankgebet“, sondern „er sprach den Segensspruch“; das ist die im

Judentum übliche Bezeichnung des Tischgebetes, während „er sprach das Dankgebet" (*eucharistésas*, daher die spätere Bezeichnung des Herrenmahles als „Eucharistie") entweder eine jüdische Alternativwendung oder christliche Neuschöpfung ist. Ganz neu ist am Rahmen des Markus, daß das Nachtischgebet, das die paulinische Formel lakonisch mit „und gleicherweise auch den Kelch nach der Mahlzeit" umschrieben hatte, jetzt detailliert wieder mit vier Verben beschrieben wird. Das Deutewort zum Brot ist teils kürzer (die „für"-Wendung fehlt), teils länger (die Aufforderung „nehmet" ist hinzugekommen, vielleicht infolge der Verwendung der Deuteworte als Spendeformel im liturgischen Brauch). Die stärksten Abweichungen weist das Deutewort über dem Becher auf; doch übersehe man nicht, daß das Subjekt bei Paulus und Markus dasselbe ist, nämlich der rote Wein, und daß der Nachsatz ebenfalls übereinstimmt: in beiden Fassungen wird er mit dem Blut verglichen, durch das der Bund geschlossen wird. Die komplizierte Formel bei Paulus erklärt sich sehr einfach aus dem Bestreben, die Vorstellung des Blutgenusses fernzuhalten, die für Juden ein animistischer Greuel war.

Besonders auffällig am Bericht des Markus ist, daß er durch eine große Zahl von Semitismen (also Worten und Wendungen, die auch im Griechischen noch ihren semitischen Ursprung erkennen lassen) gekennzeichnet ist: In den vier Versen Mk 14, 22–25 zähle ich nicht weniger als 23 von ihnen[46]. Verglichen mit Markus, sind alle anderen Berichte (einschließlich des paulinischen) gräzisierende Überarbeitungen der Überlieferung; d. h. in sprachlicher Hinsicht spiegelt Markus mit seinen zahlreichen Semitismen, obwohl er literarisch jünger als Paulus ist, im ganzen ein älteres Stadium der Überlieferung.

3. Mattäus

Wenden wir uns zu Mattäus, so finden wir den Text des Markus fast Wort für Wort wieder, mit nur geringen Abweichungen. Die bemerkenswerteste unter ihnen ist die Wendung „zur Vergebung der Sünden" am Ende der Deuteworte. Das ist ein Zuwachs, wie man ihn oftmals in liturgischen Texten beobachten kann; sie lieben volltönende Abschlüsse. Doch handelt es sich hier um mehr als eine Abschlußformel. Seit den frühesten Anfängen pflegten die Glieder der Gemeinde vor der Feier des Herrenmahles den heiligen Kuß als Zeichen der Vergebung auszutauschen (ältester Beleg: 1 Tess 5, 26). Sie befolgten damit Jesu Weisung, vor der Bitte um Gottes

Vergebung selbst zur Vergebung bereit zu sein (Mk 11, 25 vgl. Mt 5, 23 f; 6, 14 f). Die Worte „vergossen zur Vergebung der Sünden" sollten ihnen die Gewißheit übermitteln, daß Gott auf ihre Vergebungsbereitschaft mit seiner Vergebung antworte.

Die übrigen Abweichungen haben zwar, auf den Inhalt gesehen, nur geringes Gewicht, doch sind sie lehrreich für das Verständnis der Entwicklung der Überlieferung. Vergleichen wir beispielsweise gleich den Anfang der Berichte des Markus und des Mattäus sorgfältig, so bemerken wir zunächst, daß das den Markus-Text einleitende „und" bei Mattäus nicht wiederkehrt; zweitens, daß das Subjekt „Jesus" bei Mattäus eingefügt ist, und drittens, daß das unbestimmte Dativobjekt „ihnen" bei Mattäus durch „den Jüngern" erklärt ist. Diese drei unbedeutenden Korrekturen erweisen sich bei näherem Zusehen als Anzeichen für eine tiefgreifende Wandlung des Textes. Bei Markus zeigt schon das „und" am Anfang des Abschnittes, daß wir es bei ihm mit einem Erzählungsstück aus der Passionsgeschichte zu tun haben. Denn das „und" am Perikopenanfang ist fester Stil der palästinischen Geschichtsschreibung. Vom 1. Mosebuch bis zum 1. Makkabäerbuch beginnt in den Geschichtsbüchern mit relativ wenigen Ausnahmen jede Perikope (= Abschnitt in der Bibel) mit „und". Auch der Umstand, daß das handelnde Subjekt, Jesus, und die Empfänger der Brotstücke, die Jünger, bei Markus nicht genannt werden, zeigt die enge Verklammerung des Markusberichtes mit der Passionserzählung. Durch die kleinen Änderungen bei Mattäus wird sein Bericht eine selbständige Größe: Die Erzählung wird in eine liturgische Formel verwandelt. Ein weiterer Beleg für diesen Prozeß ist der Zusatz der Aufforderung „eßt" zum Brotwort sowie der entsprechende Ersatz der erzählenden Wendung „und sie tranken alle daraus" (so Markus) durch die Aufforderung „trinket alle daraus!" (so Mattäus). Der zweifache Imperativ „eßt", „trinkt" spiegelt die Verwendung der Deuteworte als Spendeformel.

4. Lukas

Wir wenden uns zu Lukas. Dabei soll uns das textliche Problem, das bei ihm eine besondere Rolle spielt, nicht allzu lange aufhalten. Der lukanische Text ist uns in einer zweifachen Form übermittelt, einer längeren, die wir in unserer Übersicht abgedruckt finden, und einer kürzeren, die überraschend mit den Worten: „das ist mein Leib" abbricht. Im vorigen Jahrhundert waren viele Gelehrte der

Ansicht, daß der kürzere Text die älteste Fassung der Abendmahlsworte überhaupt darstelle, und weithin war man froh, auf diese Weise eine vermeintlich undogmatische Überlieferung zu erhalten, die nichts über ein stellvertretendes, sühnendes Sterben Jesu aussage. Eine kurze Bemerkung mag genügen: Wir besitzen mehr als 5000 griechische Handschriften des Neuen Testamentes (freilich enthält nur ein Teil von ihnen es vollständig), und von der enormen Menge der Textzeugen bietet nur eine einzige Handschrift (der Kodex D) den Kurztext. Es ist vollkommen ausgeschlossen, daß diese eine Handschrift aus dem 5.–6. Jahrhundert allein mit ihren wenigen Verbündeten unter den Übersetzungen den ursprünglichen Lukastext aufbehalten haben sollte. Der längere Text ist also der ältere. Er steht der paulinischen Formel sehr nahe; doch ist die Beziehung dieser beiden Texte so gut wie sicher nicht literarischer Natur. Denn einerseits benutzt oder zitiert Lukas nirgendwo einen paulinischen Brief, andererseits erweist sich seltsamerweise der lukanische Text, obwohl etwa dreißig Jahre später als der 1. Korintherbrief niedergeschrieben, in mehrfacher Hinsicht als älter als der paulinische. Das auffälligste Indiz hierfür ist das Fehlen des „ist" im Kelchwort. Lukas sagt: „der Kelch der Neue Bund", wie es semitischer Redeweise entspricht, die das „ist" nicht ausdrückt. Auch das Fehlen des Wiederholungsbefehls beim Kelch ist alt (wer sollte ihn gestrichen haben?). Und schließlich spiegelt Lukas auch in der Einleitung ein älteres Stadium der Überlieferung als Paulus: das „und" am Anfang, ebenso wie das Fehlen des Subjekts (Jesus) und das unbestimmte „ihnen" zeigt, daß sein Text auf Erzählungsstil zurückgeht, während der Text des Paulus mit einer volltönenden feierlichen christologischen Titulatur beginnt: „der Kyrios Jesus".

Die Übereinstimmungen zwischen Paulus und Lukas erklären sich höchstwahrscheinlich daraus, daß beide die in Antiochia gebrauchte Abendmahlsformel wiedergeben. Sie ist in sprachlicher Hinsicht dadurch gekennzeichnet, daß sie stärker gräzisiert ist als die markinische Formel.

5. Johannes

Der letzte, fünfte Text ist Joh 6, 51 c. Es war J. H. Bernard, der als erster in seinem Kommentar zum Johannesevangelium 1928 erkannte, daß wir Joh 6, 51 c eine unabhängige, eigenständige Fassung des Deutewortes Jesu zum Brot vor uns haben. Der Leser, der unsere Textübersicht vergleicht, wird auf den ersten Blick erkennen, daß sowohl die Struktur wie der Inhalt des johanneischen Satzes mit dem Brotwort bei Paulus und Lukas übereinstimmt, mit dem Unterschied, daß Joh 6, 51 c am Anfang und am Ende paraphrasenartige Erweiterungen bietet: anstelle von „dieses", wie alle vier übrigen Texte sagen, hat Johannes „das Brot, das ich geben werde"; und anstelle von „für euch" sagt er: „für das Leben der Welt". Noch in anderer Hinsicht unterscheidet sich Joh 6, 51 c von den vier Parallelüberlieferungen: sie sagen „mein Leib", Johannes dagegen „mein Fleisch", worin Ignatius von Antiochia (ein jüngerer Zeitgenosse des Johannes, der um 110 das Martyrium erlitt) und Justin der Märtyrer in seiner um 150–155 verfaßten ersten Apologie mit ihm übereinstimmen. Wir haben es also mit einer im syrisch-kleinasiatischen Raum verbreiteten Fassung zu tun. Die unterschiedliche Formulierung geht wahrscheinlich nicht auf dogmatische Überlegungen zurück, sondern ist einfach eine Übersetzungsvariante; denn das im Hebräischen bzw. Aramäischen zugrundeliegende Wort *(basar/bisra)* konnte sowohl mit Leib wie mit Fleisch wiedergegeben werden.

Zusammenfassung

Die fünf Texte, die wir zunächst je für sich betrachtet haben, weisen beim Vergleich Unterschiede auf, die Rückschlüsse auf die Feier des Herrenmahles in den Gemeinden der Urkirche erlauben. Viel bedeutsamer als diese Unterschiede ist jedoch ein anderes Resultat, das sich beim Vergleich unserer fünf Texte ergibt: daß sie nämlich – trotz mancher Abweichungen im Wortlaut – sämtlich voll und ganz in der Substanz übereinstimmen. Vergleichen wir sie Wort für Wort, so zeigt sich, daß sie in dreifacher Hinsicht zusammentreffen:
1. Sie bezeugen übereinstimmend, daß Jesus das gebrochene Brot mit seinem Leib verglich.
2. Sie bezeugen, so weit erhalten, übereinstimmend, daß Jesus den roten Wein (beim Passamahl sollte nach Möglichkeit Rotwein getrunken werden) mit seinem Blut verglich, wobei er hinzufügte, daß durch sein Blut der Neue Bund realisiert werde.
3. Sie bezeugen übereinstimmend die „Für"-Wendung; d. h. in allen fünf Texten wird gesagt, für wen der Leib bzw. das Blut dahingegeben wird.
Dieser gemeinsame Bestand muß sehr alt sein. Paulus sagt, daß er seine Abendmahlsüberlieferung den Korinthern weitergegeben

habe; das geschah bei seinem ersten Besuch in Korinth (49 n. Chr.). Nun betont er aber, daß er die ihm geläufige Fassung früher empfangen habe, höchstwahrscheinlich in Antiochia, etwa Anfang der vierziger Jahre. Bedenken wir, daß die semitisierende Formulierung, die sich bei Markus findet, sprachlich älter ist als die gräzisierte antiochenische Formel, und daß auch die Erzählungsform, wie Markus und Lukas sie bieten, älter ist als die liturgische Formel des Paulus, so werden wir in die dreißiger Jahre zurückgeführt. Mit anderen Worten: der gemeinsame Bestand der *Abendmahlstexte gehört zum Urgestein der Überlieferung.* Welches ist ihr Sinn?

C. Der Sinn der Deuteworte

Von allen vorhergehenden Tischgemeinschaften unterscheidet sich das letzte Mahl, das Jesus mit seinen Jüngern hielt, dadurch, daß er mit den beiden Tischgebeten vor und nach Tisch deutende Worte („Deuteworte") verband. Sie kündigen die Passion (es ist ja z. B. davon die Rede, daß Jesu Blut vergossen werden wird) an, aber auf seltsame Weise. Zwei Fragen erheben sich: Wie kam Jesus dazu, diese geheimnisvollen Worte zu sprechen, die das gebrochene Brot mit seinem Leib, den roten Wein mit seinem Blut vergleichen? Und: Was bedeuten sie?

1. Die Antwort auf die erste Frage lautet: Was für unser Gefühl ungewöhnlich und rätselhaft ist, war für die Jünger in keiner Weise unerwartet und überraschend, sondern etwas völlig Selbstverständliches, jedenfalls dann, wenn das letzte Mahl ein Passamahl war, wie die ersten drei Evangelien berichten. Denn Deutungen gehören zum Ritual des Passamahles.

Ex 12, 26 f und 13, 8 lesen wir die Vorschrift, daß die Israeliten ihren Kindern erklären sollten, warum sie jedes Jahr zu Ostern die Riten des Passa-Opfers vollzogen und eine Woche ungesäuerte Brote aßen. „Wenn eure Kinder euch dann fragen: ‚Was bedeutet denn der heilige Brauch, den ihr da übt?', so sollt ihr sagen: ‚Das ist das Passaopfer *(päsach)* für den Herrn, weil der die Häuser der Israeliten in Ägypten übersprang *(pasach,* ein Wortspiel), als er die Ägypter schlug" (Ex 12, 26 f). „Und du sollst das deinem Sohn an jenem Tag erklären und sagen: es geschieht um dessen willen, was der Herr für mich getan hat, als ich aus Ägypten zog" (13, 8). Aus dieser biblischen Vorschrift, daß der Hausvater am Passafest den Kindern die Riten des Festes erklären sollte, erwuchs der Brauch der sogenannten Passa-Haggada, der Andacht, die der jüdische Hausvater noch heutzutage Jahr für Jahr beim Passamahl hält und in der die Besonderheiten dieses Mahles erklärt werden.

Noch einmal müssen wir uns in Jesu Tage zurückversetzen, diesmal um uns den Verlauf des Passamahles zu vergegenwärtigen. Jedes Jahr am Nachmittag vor dem Vollmond des Monats Nisan (etwa unserem April entsprechend) wurden Tausende und Abertausende von Lämmern auf dem Tempelplatz von Jerusalem geschlachtet zur Erinnerung an die Erlösung aus Ägypten, als Gott diejenigen Häuser verschont hatte, deren Oberschwellen und Türpfosten mit dem Blut der Passalämmer bestrichen worden waren. Nach Sonnenuntergang begann das Mahl in den Familien und in den Mahlgemeinschaften von meist 10 Personen, zu denen sich die unzähligen Pilger aus aller Welt zusammenschlossen. Das Passamahl begann mit einer Vorspeise, bestehend aus Bitterkräutern und Fruchtmus. Dann wurde das Lamm auf den Tisch gebracht, aber noch nicht gegessen. Vielmehr hielt jetzt zunächst der Hausvater die Passaandacht, in der er die Elemente der Mahlzeit ausdeutete, besonders darauf bedacht, den Kindern alle Besonderheiten dieses Mahles verständlich zu machen. Rabban Gamaliel I., der Lehrer des Paulus (Apg 22, 3), pflegte zu sagen: „(Jeder Hausvater) der bei seiner Passaandacht diese drei Dinge nicht erwähnt, hat seine Pflicht nicht erfüllt: Passalamm, ungesäuertes Brot, Bitterkräuter"[47]. Die Deutungen, die die Hausväter vortrugen, waren mannigfaltig. Die Bitterkräuter wurden als Erinnerung an die Bitterkeit der Sklaverei in Ägypten gedeutet. Das Essen von ungesäuertem Brot wurde so erklärt, daß es erinnern solle an die große Eile beim Auszug aus Ägypten, die es nicht erlaubte, die Durchsäuerung des Teiges abzuwarten, oder als Erinnerung an die Not, die Israel zu erdulden hatte, oder aber als Symbol des Überflusses an Brot in der Messiaszeit.

Wie jeder israelitische Familienvater von alten Tagen bis heute hat auch Jesus Jahr für Jahr die Passaandacht gehalten und die Besonderheiten dieser festlichsten Mahlzeit des Jahres seinen Jüngern gedeutet. Es ist nur eine Vermutung, aber vielleicht eine erwägenswerte, daß sich hinter der Brotrede Joh 6 und der Weinstockrede Joh 15 die Erinnerung an eine Passaandacht Jesu verbergen könnte.

Das wäre dann also die Antwort auf die Frage, wie es kam, daß Jesus die Deuteworte sprach, die das gebrochene Brot mit seinem Leib, den Rotwein mit seinem Blut verglichen: Jesus tat nichts anderes, als daß er seine Pflicht als Hausvater erfüllte, wenn er Brot und Wein deutete.

2. Damit aber stehen wir bei der zweiten schwierigen Frage: *wie* hat Jesus Brot und Wein gedeutet? Die Andacht, die Jesus am letzten Abend seines Lebens gehalten hat, ist uns nicht im Wortlaut erhalten, wir können aber mit Hilfe der Deuteworte feststellen, daß Jesus kultische Ausdrücke benutzt hat, also Wendungen, die in der Sprache des Opfers beheimatet sind. Das gilt zunächst von dem Wortpaar Leib und Blut bzw. Fleisch und Blut. In kultischen Texten wird von dem Leib oder dem Fleisch des Opfertieres gesprochen und von seinem Blut, das am Brandopferaltar ausgegossen wurde. Damit haben wir schon einen zweiten Opferausdruck genannt: Jesus redet von seinem Blut, das vergossen wird. Schließlich ist auch der Ausdruck „Bundesblut" eine kultische Vokabel. Sie stammt aus Ex 24, 8, wo es von der Bundesschließung am Sinai heißt: „Danach nahm Mose das Blut, besprengte das Volk damit und sprach: Seht, das ist das Blut des Bundes." Diese starke Verwendung kultischer Ausdrücke macht es sehr wahrscheinlich, daß Jesus in seiner Passaandacht das Passalamm so gedeutet hat, daß er sich selbst als das endzeitliche Passalamm bezeichnete, dessen Lebenshingabe den neuen Bund herbeiführen würde. In der Tat haben die urchristlichen Gemeinden schon sehr früh von Jesus als ihrem Passalamm gesprochen. Der älteste Beleg ist 1 Kor 5, 7 f, wo Paulus eine nach Ausweis der Sprache vorpaulinische urkirchliche Osterandacht zitiert, deren Thema ist: Christ-sein heißt im Osterlicht stehen. Christ-sein heißt vom Sauerteig der Sünde befreit sein. Denn das Fest hat schon begonnen: als unser Osterlamm ist Christus geopfert[48]. Worauf es bei alledem ankommt, ist eine ganz schlichte Feststellung, nämlich: durch die Verwendung von Ausdrücken der Opfersprache hat Jesus seinen Tod als stellvertretendes Sterben bezeichnet.

Alle fünf Abendmahlstexte sind sich darin einig, daß Jesus nicht nur sein Sterben als stellvertretendes bezeichnet hat, sondern daß er auch hinzugefügt habe, wem seine Stellvertretung zugute komme. Der Wortlaut weicht dabei ab, wie ein Blick auf unsere Tabelle zeigt. Markus und Mattäus sagen: vergossen für *viele,* Paulus und

Lukas: für *euch* gegeben, und das Johannesevangelium sagt: für *das Leben der Welt*. Die schwierigste und darum altertümlichste Fassung ist „für viele". Das könnte wie eine Einschränkung aussehen, doch ist das nicht gemeint. Vielmehr muß man, um dieses „für viele" richtig zu verstehen, wissen, daß das Hebräische und Aramäische wohl ein Wort für „Gesamtheit" haben, dagegen kein Wort, das wie unser „alle" gleichzeitig Totalität und Pluralität zum Ausdruck brächte. Man half sich so, daß man die Lücke durch „die vielen", bzw. „viele" ersetzte und diesen Ausdruck im Sinne von „die vielen, die man nicht zählen kann, die Menge, die Gesamtheit" verstand. Paulus und Lukas haben das „für viele" des Markus und Mattäus durch „für euch" verdeutlicht und Johannes hat es sachgemäß durch „für das Leben der Welt" erläutert.

Dieses kleine Wort „viele" im Sinne von „die unzähligen Vielen, die große Schar, alle" kommt an einer zentralen Stelle des Alten Testamentes gehäuft vor, im Kapitel vom stellvertretend leidenden Gottesknecht, von dem es heißt: „Er war der Allerverachtetste und Unwerteste, voller Schmerzen und Krankheiten. Er war so verachtet, daß man das Angesicht vor ihm verbarg. Darum haben wir ihn nicht geachtet. Fürwahr, er trug unsere Krankheit und lud auf sich unsere Schmerzen. Wir aber hielten ihn für den, der geplagt und von Gott geschlagen und gemartert wäre. Aber er ist um unserer Missetat willen verwundet, und um unserer Sünde willen zerschlagen. Die Strafe liegt auf ihm, auf daß wir Frieden hätten. Und durch seine Wunden sind wir geheilt ... Durch seine Erkenntnis wird er, mein Knecht, der Gerechte, *die Vielen* gerecht machen; denn Er trägt ihre Sünden. Darum will ich ihm *die Vielen* zur Beute geben ..., darum daß er ... *vieler* Sünde getragen hat und für die Übeltäter gebetet" (Jes 53). Nicht weniger als fünfmal kommt das (seltene, sogenannte inkludierende) „viele" in der Bedeutung „die Gesamtheit" in Jes 53 vor. Es ist geradezu ein Stichwort dieses Kapitels. Indem Jesus dieses Stichwort aufnimmt und sagt, daß sein Blut vergossen werden werde „für viele", „für die unzählbare Schar", gibt er zu erkennen, daß er sich als den leidenden Gottesknecht weiß, der sein Leben stellvertretend für die Vielen in den Tod gibt und dessen sühnendes Sterben den neuen Bund einleitet. Ohne Jes 53 sind die Abendmahlsworte nicht zu verstehen.

3. Unmittelbar auf die Passaandacht des Hausvaters folgte das Brotbrechen, dann das Passamahl und schließlich das Tischdankgebet

über dem Kelch. Die beiden Tischgebete hat Jesus dazu benutzt, um den Inhalt seiner Passaandacht noch einmal ganz knapp zusammenzufassen. Warum?

Wir haben schon gesehen, daß das Essen von dem gebrochenen Brot und das gemeinsame Trinken vom Kelch den Sinn hatte, Anteil zu vermitteln an der Segnung, die über dem Brot und Kelch gesprochen worden war. Diese Segensvermittlung war den Jüngern durch den täglich geübten Brauch von Kindertagen an selbstverständlich. Nun hat Jesus aber über Brot und Kelch nicht nur das Tischgebet gesprochen, sondern die Worte hinzugefügt, die das gebrochene Brot und den roten Wein auf sein sühnendes Sterben für die Vielen deuteten. Wenn er unmittelbar darauf Brot und Wein den Jüngern reichte, so konnte das nur besagen, daß Jesus ihnen durch das Essen und Trinken Anteil schenkte an der Sühnekraft seines Todes. Indem jeder von ihnen Anteil am gebrochenen Brot und am gesegneten Kelch empfing, wurde er persönlich angesprochen und persönlich dessen versichert, daß er zur Schar derer gehörte, für die der „Gottesknecht" in den Tod zu gehen im Begriff stand. Persönliche Vergewisserung – das ist es, was Jesus mit der Verbindung von Deuteworten und Austeilung beabsichtigte. Mit den Worten „das ist mein Leib" und „das ist mein Bundesblut" redet er einen jeden der Jünger unmittelbar an und spricht er einem jeden Anteil zu an seinem stellvertretenden Sterben. Größeres vermag er nicht zu geben. Durch den Zuspruch des Anteils an seinem Heilswerk macht er die Jünger zu Repräsentanten des neuen Gottesvolkes[49].

Fassen wir zusammen: Das letzte Mahl Jesu darf nicht isoliert werden. Es ist die letzte der Tischgemeinschaften Jesu mit seinen Jüngern und es war, wie alle diese Tischgemeinschaften, Vorweggabe der Vollerfüllung in der Königsherrschaft Gottes. Jetzt schon, hier schon dürfen verlorene Kinder sich niedersetzen am Tisch des Vaters.

Die Besonderheit der letzten Tischgemeinschaft besteht darin, daß Jesus das Tischgebet vor und nach dem Essen benutzt, um seine Jünger einen nach dem anderen zusätzlich persönlich zu vergewissern, daß sie Anteil haben an der Königsherrschaft, weil sie zu den Vielen gehören, für die er in den Tod geht.

V. Der Opfertod Jesu Christi

A. Hebräerbrief und 1. Petrusbrief

Die Sinndeutung des Kreuzes wird im Neuen Testament am ausführlichsten im *Hebräerbrief* entfaltet. Diese älteste uns erhaltene heidenchristliche Predigt (Hebr. 13, 22), die sich durch große Kraft und Klarheit des theologischen Denkens auszeichnet, unterscheidet zwischen christlicher Elementarlehre (5, 12) und tieferer Erkenntnis (6, 1), also zwischen exoterischer und esoterischer Lehre, eine Unterscheidung, die übrigens nicht gnostisch ist, sondern der christlichen Tradition entstammt, findet sie sich doch schon beim Apostel Paulus (1 Kor 2, 6 ff) und vor ihm bei Jesus selbst, dessen Verkündigung zwischen öffentlicher Lehre und Jüngerunterweisung unterscheidet. Die *Elementarlehre,* der „Anfang der Christusverkündigung" (Hebr 6, 1), umfaßt nach dem Hebräerbrief den Ruf zur Umkehr und zum Glauben (das ist der Inhalt der Missionspredigt, vgl. 1 Tess 1, 9 f; Apg 20, 21) sowie die Lehre von der Taufe und den letzten Dingen (das ist der Inhalt des Katechumenenunterrichts, Hebr 6, 2), während zur *esoterischen Theologie* neben der Lehre vom Abendmahl[50] vor allem die Lehre vom Selbstopfer des himmlischen Hohenpriesters Christus gehört, die in dem großen Mittelstück des Briefes Hebr 7, 1–10, 18 entfaltet wird.

Christus ist der Hohepriester nach der neuen Gottesordnung, der sein eigenes Blut im himmlischen Allerheiligsten darbrachte, Priester und Opfer zugleich – das ist das Thema dieser vier Kapitel. Der Hebräerbrief legt dieser Sinndeutung des Todes Jesu das Ritual des Versöhnungstags, wie es Lev 16 festgesetzt ist, als Anschauungsmaterial zugrunde. Der Versöhnungstag, im Herbst am 10. Tischri gefeiert, war der große Buß- und Sühnetag des jüdischen Volkes, der einzige Tag im Jahr, an dem eines Menschen Fuß das Allerheiligste betrat. Zitternd, weil der geringste Verstoß gegen den Ritus der sichere Tod gewesen wäre, vollzog der Hohepriester zweimal im Dunkel hinter dem Vorhang die sühnende Blutsprengung, zuerst für sich und sein Haus, dann für Israel. Diesen Ritus deutet der Hebräerbrief in zweifacher Weise typologisch auf Christus. Er knüpft an Älteres an, wenn er Christus mit dem fehllosen Opfertier vergleicht, dessen stellvertretendes Sterben, im Unterschied von den Opfern des Alten Bundes, ein für allemal die volle

Vergebung und durch sie die volle Gemeinschaft mit Gott herstellt. Und er verbindet mit dieser Deutung eine zweite, wenn er Christus im Anschluß an Psalm 110, 4 zugleich als den sündlosen, ewigen Hohenpriester schildert, der nach dem einmaligen Vollzug der Sühne allezeit vor Gott steht, um barmherzig und mitfühlend für die Seinen vor Ihm einzutreten (7, 25; 9, 24 vgl. 2, 18; 4, 14–16). Diese esoterische Christologie des Hebräerbriefes ist ein mit großer Eindringlichkeit durchgeführter Versuch, der Gemeinde das Geheimnis des Kreuzes in neuer Weise mit Hilfe der typologischen Deutung von Lev 16 nahezubringen. Sachlich besagt diese Christologie: Karfreitag ist der große Versöhnungstag des Neuen Bundes. Alle Versöhnungstage, Jahr für Jahr gefeiert, sind Typus und Vorbild dieses *einen* Versöhnungstages. Ein Zweifaches ist seine Gabe. Erstens: in der Stellvertretung des sündlosen Sterbens auf Golgatha kommt das Schreien nach Vergebung zur Ruhe – ein für allemal (7, 27; 9, 12; 10, 10); und zweitens: die Frucht dieser ewig gültigen Sühne wirkt fort in der Fürsprache des selbst einst angefochtenen Christus für die angefochtene Gemeinde.

Wie wenig bei dieser Sinndeutung des Todes Jesu am typologischen Anschauungsmaterial liegt, wie alles vielmehr auf die sachliche Aussage ankommt, die mit Hilfe der Typologie verdeutlicht werden soll, nämlich auf dieses zweifache *für uns*: er starb für uns, er tritt für uns ein – das wird deutlich, wenn wir uns dem *1. Petrusbrief* zuwenden. Wie der Hebräerbrief, so nimmt auch der 1. Petrusbrief den älteren Vergleich Jesu mit dem Opfertier auf: er ist das wahre makellose und fehlerfreie Verschonungslamm (1, 18 f), das ein für allemal zur Sühnung der Sünden starb (3, 18). Daneben bezieht sich – zweitens – der 1. Petrusbrief auf Jes 53: das Christuslied 1 Petr 2, 22–25 preist Christus als den Gottesknecht, „der unsere Sünden selbst an seinem Leibe an das Kreuz trug, damit wir, von den Sünden befreit, der Gerechtigkeit leben, durch dessen Striemen ihr geheilt wurdet" (2, 24). Und schließlich – drittens – wird zur Sinndeutung des Sterbens Jesu das Theologumenon von der Hadesfahrt und Hadespredigt (3, 19 f; 4, 6) herangezogen bzw. geprägt. Für das Verständnis des Hadesfahrt-Passus ist es entscheidend wichtig zu wissen, daß er ein gegensätzliches Vorbild im äthiopischen Henochbuch hat, das seine heutige Gestalt nach dem Panthereinfall 37 v. Chr. erhalten hat. Dort wird in den Kapiteln 12–16 geschildert, wie Henoch beauftragt wird, zu den gefallenen Engeln von Gen 6 zu gehen und ihnen zu eröffnen, daß sie „keinen Frieden und keine Vergebung finden werden" und daß Gott ihre Bitte um Frieden und Barmherzigkeit abweisen werde. Von Furcht und Zittern gepackt bitten sie Henoch, eine Bittschrift zu verfassen mit der Bitte um Nachsicht und Vergebung. Henoch wird entrückt zu Gottes von Feuer umlodertem Thron und vernimmt dort, was er als Antwort auf die Bittschrift den gefallenen Gottessöhnen mitteilen soll. Der Entscheid besteht aus dem kurzen schrecklichen Satz: „Ihr werdet keinen Frieden haben." Es ist kaum zu bezweifeln, daß das Theologumenon von der Hadesfahrt Christi den geschilderten Henochmythus zum Vorbild hat. Zu den ungehorsamen Geistern im finstersten Verließ der Unterweltsfestung dringt nochmals ein Gottesbote mit einer Gottesbotschaft vor. Aber während Henoch ihnen die Botschaft von der Unmöglichkeit der Vergebung übermitteln mußte, lautet seine Botschaft anders: Frohbotschaft (4, 6). So will die Lehre von der Hadespredigt Christi dies zum Ausdruck bringen: der Gerechte starb für die Ungerechten (3, 18); auch für die hoffnungslos Verlorenen hat sein sühnendes Sterben die Rettung erworben.

Beide Briefe, der Hebräerbrief und der 1. Petrusbrief, wollen veranschaulichen, was am Karfreitag geschah, aber sie bedienen sich grundverschiedenen Anschauungsmaterials. Der Hebräerbrief redet vom *Auf*stieg Jesu in den Himmel „durch den ewigen Geist" (9, 14) zur Selbstdarbringung seines Blutes im himmlischen Allerheiligsten, der 1. Petrusbrief von seinem *Ab*stieg in die tiefsten Tiefen des Hades zur Verkündigung an die Geister im Verließ. Ascensus und Descensus, Aufstieg zum Himmel und Abstieg zum Hades, stehen nebeneinander zur Deutung des Karfreitagsgeschehens. Wie sich dieses Nebeneinander erklärt, kann nur kurz angedeutet werden. Im ersten nachchristlichen Jahrhundert waren die Vorstellungen des antiken Judentums über das Schicksal der Seelen nach dem Tod in einem Umbildungsprozeß begriffen. Die ältere Auffassung lebte noch fort, derzufolge der Hades der Aufenthaltsort aller Seelen war. Daneben aber bürgerte sich unter hellenistischen Einflüssen die neue Vorstellung ein, daß die Seelen der Gerechten in der himmlischen Welt im Paradies weilten. Aus diesem Umbildungsprozeß erklärt es sich, daß im Neuen Testament die Aussagen über das Geschick Jesu in der Zeit zwischen Karfreitag und Ostern uneinheitlich sind: Paulus redet Röm 10, 7 von der Unterwelt, Lukas 23, 43 vom Paradies. Descensus- und Ascensusaussage stehen in der christologischen Aussagen über Jesu Geschick zwischen Karfreitag und Ostern nebeneinander: Paulus, der 1. Petrusbrief und die Johannes-Offenbarung stehen auf der einen, Lukas, der Hebräerbrief und das Johannesevangelium auf der anderen Seite. Der Hebräerbrief verwendet die Ascensusvorstellung, wenn er uns den Hohenpriester vor Augen stellt, der im himmlischen Allerheiligsten sein eigenes Blut darbringt. Der 1. Petrusbrief verwendet die Descensusvorstellung, wenn er den Gottesboten schildert, vor dem sich die Pforten der Unterwelt auftun müssen, damit er den Verdammten die Frohbotschaft bringe. Das Anschauungsmaterial ist verschieden, ja in seinen räumlichen Vorstellungen entgegengesetzt – eine heilsame Warnung vor seiner Überschätzung. Entscheidend ist, daß die sachliche Aussage übereinstimmt. Denn beide Briefe wollen dasselbe ausdrücken, der Hebräerbrief im kultischen Bild, der 1. Petrusbrief im mythischen Bild: die Sühnkraft des Todes Jesu ist ewig gültig und grenzenlos.

B. Paulus

Sowohl der Hebräerbrief wie der erste Petrusbrief geben vielfältig zu erkennen, daß ihre Theologie derjenigen des Apostels Paulus verpflichtet ist. Wenden wir uns – rückwärts schreitend – nunmehr den Aussagen der paulinischen Briefe zu, die den Sinn des Todes Jesu deuten, so bietet sich ein neues Bild. Nicht als ob Paulus sachlich anderes zu sagen hätte als die nachpaulinischen Schriften. Im Gegenteil: die unbeirrte Konstanz der sachlichen Aussagen im ganzen Neuen Testament ist eines der wichtigsten Kennzeichen unseres Themas. Der Unterschied liegt an anderer Stelle. Während der Hebräerbrief in tiefgründigen, sorgsam abgewogenen typologischen Ausführungen das Geheimnis des Kreuzes aufgrund theologischer Reflexion darzustellen und zu entfalten bemüht ist, spüren wir bei Paulus noch den heißen Atem des Ringens um die Verständlichmachung des hartumkämpften Zentralinhaltes seiner Botschaft. An Hand von zwei Beobachtungen möchte ich das zeigen. Zunächst: es ist überaus merkwürdig, daß die Vokabeln „Kreuz" und „kreuzigen" im NT außerhalb der Evangelien fast nur bei Paulus vorkommen; er hat das Substantiv zehnmal (sonst nur noch Hebr 12, 2), das Verbum achtmal (sonst nur noch Apg 2, 36; 4, 10; Offb 11, 18)[51]. So oft auch in den nichtpaulinischen Briefen, der

Apostelgeschichte und der Offenbarung von Jesu Tod die Rede ist, es werden andere Ausdrücke gebraucht: man redet von Jesu Leiden, von seinem Tod und Sterben, von seinem Blut und der Darbringung seines Leibes, ja von seiner Ermordung – aber die Wortgruppe Kreuz / kreuzigen wird gemieden; am nächsten kommt noch die fünfmal für das Kreuz gebrauchte Vokabel Holz[52]. Das kann nicht Zufall sein. Wie erklärt sich dieser auffällige Tatbestand? Zu seiner Erhellung kann 1 Kor 1, 18 beitragen. Dort findet sich – einmalig im Neuen Testament – die Wendung „das Wort (Logos), das vom Kreuz". Die Wiederholung des Artikels, die nicht üblicher neutestamentlicher Sprachgebrauch ist, hebt den christlichen Logos von anderen Logoi ab. K. H. Rengstorf[53] schloß hieraus einleuchtend, daß Logos 1 Kor 1, 18 (ähnlich wie 1 Kor 15, 2) die Bedeutung „Kulterzählung" hat. Die christliche Verkündigung wird also 1 Kor 1, 18 als die „Kulterzählung vom Kreuz" bezeichnet, wobei „das Kreuz" für „den am Kreuz Hängenden" steht. Bedenkt man, in wie verletzender Weise diese Formulierung „die Kulterzählung vom Gehängten" das Anstößige, ja Abstoßende der christlichen Botschaft zum Ausdruck bringt, beachtet man ferner, daß die Auferstehung nicht erwähnt wird, so wird man kaum fehlgehen, wenn man weiter folgert, daß diese Wendung von den Gegnern der Gemeinde stammt und daß sie deren ganzen Spott und Hohn zum Ausdruck bringt. Dafür spricht auch der Fortgang des Satzes, der ebenso drastisch fortfährt: diese „Kulterzählung vom Gehängten" ist denen, die verlorengehen, Unsinn. Und wenige Verse später: für die Juden ist die Botschaft vom gehängten Heiland ein „Skandal", gotteslästerliche Rede, für die Heiden schlechthin „Unsinn" (1 Kor. 1, 23). *Das* war das normale Echo auf die christliche Botschaft; hundertfältig hat Paulus es erlebt. Gewiß, dieser Hohn gehörte auch in der Folgezeit zum Arsenal der Christengegner; aber er mußte die Verkündiger des Evangeliums in der Anfangszeit, in der der Spott noch neu war, besonders hart treffen. Es gab zwei Möglichkeiten, dem Hohn zu begegnen. Die eine bestand darin, daß man versuchte, das Anstößige an der Botschaft zu mildern oder gar zu beseitigen. Diesen Weg ist die Gnosis gegangen, vor allem der nach Ausweis der Johannesbriefe noch im 1. Jahrh. n. Chr. aufkommende Doketismus, der die Lehre vertrat, daß am Kreuz nur der Mensch Jesus hing, nachdem der Christus sich vor dem Leiden von ihm getrennt hatte. Es ist bezeichnend für Paulus, daß er nach solchen bedenklichen Auswegen nicht gesucht hat. Er ist den anderen Weg gegangen, der darin bestand, die ärgerliche Botschaft ohne Abstriche und ohne Konzessionen in ihrer ganzen Härte zu predigen, dabei aber auf Hilfen zu sinnen, die den Hörern ihren Sinn erschließen könnten. *So* ist es gemeint, wenn er betont, daß der gekreuzigte Christus der einzige Inhalt seiner Missionspredigt in Galatien (Gal 3, 1) und in Korinth (1 Kor 1, 23; 2, 2) gewesen sei, sein einziger Ruhm (Gal 6, 14).

Noch unmittelbarer läßt uns eine zweite Stelle erkennen, wie die Sinndeutung des Kreuzes, die für die Folgezeit fester und gesicherter Besitz der Kirche war, in der Anfangszeit in heißem Ringen erkämpft werden mußte: Ich meine Gal 3, 13 „Christus ist für uns zum Fluch geworden". Dazu zunächst zwei sprachliche Bemerkungen. Erstens: „geworden" umschreibt den Gottesnamen, wie 2 Kor 5, 21 bestätigt: *Gott* hat ihn zur Sünde gemacht. Und zweitens: „Fluch" steht in der semitisierenden Redeweise für „Verfluchter". Gal 3, 13 ist also sinngemäß zu übersetzen: „Gott hat Christus für uns zum Verfluchten gemacht", wobei Paulus an Dtn 21, 23 denkt: „Ein an das Holz Gehängter ist ein von Gott Verfluchter." Uns ist die Galaterstelle so vertraut, daß wir ihre Ungeheuerlichkeit nicht mehr empfinden; wir ahnen vielleicht etwas von ihr, wenn wir hinzufügen, daß kein zweiter Autor des NT es gewagt hat, etwas auch nur annähernd Ähnliches zu sagen. Paul Feine hat als erster gesehen[54] und eine Arbeit neueren Datums hat diese Erkenntnis nachdrücklich aufgenommen[55], daß es für das Wagnis dieses Satzes „Gott hat Christus zum Verfluchten gemacht" nur *eine* Erklärung gibt: er stammt aus der Zeit vor Damaskus. Als den von Gott sichtbar Verfluchten hat Saulus Jesus von Nazareth in seinen Anhängern verfolgt, hat er ihn gelästert (1 Tim 1, 13) und seine Jünger mit Gewaltmitteln zur Lästerung zu zwingen versucht (Apg 26, 11), nämlich zu dem Ruf: „ein Verfluchter ist Jesus" (1 Kor 12, 3). Und dann kam die Stunde von Damaskus, in der ihm der Verfluchte im Lichtglanz Gottes erschien. Der Satz blieb: „Gott hat ihn zum Verfluchten gemacht" – nur ist er seit Damaskus um zwei Worte ergänzt: „für uns", „für mich" (Gal 2, 20). Fortan ist Paulus mit seiner ganzen Existenz dem Gekreuzigten verhaftet – so wie Ignatius von Antiochien, der von sich sagt, sein Geist sei „wehrlos dem Kreuz verfallen" (Ign. Eph 18, 1).

Es ist keine Übertreibung, wenn man sagt, daß die Christologie des Paulus geradezu um das Bemühen kreist, das „für uns", also den Stellvertretungsgedanken, seinen Hörern und Lesern in immer neuen Bildern verständlich zu machen. Vier Gedankenreihen heben sich heraus:

a) Von der Tradition vorgegeben war ihm die *kultische* Gedankenreihe. 1 Kor 5 fordert Paulus die korinthische Gemeinde auf, ein Gemeindeglied, das durch schwere Sünde Ärgernis gab, in Kirchenzucht zu nehmen, und er gebraucht dabei das Bild vom Sauerteig, der den ganzen Teig durchsäuert. Das veranlaßt ihn, da das Passafest vor der Tür steht, zur Erläuterung eine urchristliche Osterandacht heranzuziehen, die nach Ausweis von Sprache und Stil älter als Paulus ist. Zu jeder Passafeier gehörte eine solche Osterandacht, in der der Hausvater die Riten und Elemente des Mahles den Mahlteilnehmern, besonders den Kindern, deutete. So zitiert Paulus: „Ihr seid frei vom Sauerteig. Denn als unser Passalamm ist Christus geopfert. So laßt uns das Fest feiern nicht im alten Sauerteig, nicht im Sauerteig der Schlechtigkeit und Bosheit, sondern im Ungesäuerten, nämlich in Reinheit und Wahrheit." Christ sein, sagt Paulus, heißt im Passa leben, im Osterlicht stehen, im neuen Leben – das Passafest ist angebrochen, als unser Passalamm auf Golgatha geopfert wurde. Vergleicht Paulus hier, ebenso wie der 1. Petrusbrief und das Johannesevangelium, Christus mit dem fehllosen Verschonungslamm, um dessentwillen Gott in Ägypten die Häuser der Israeliten verschonte, so Röm 3, 25 mit dem Sühne wirkenden Opfer des Versöhnungstags, Röm 8, 3 mit dem Sündopfer, Eph 5, 2 mit dem Ganzopfer. Zur kultischen Gedankenreihe gehören schließlich noch alle die Stellen, die vom Blut Jesu reden (Röm 3, 25; 5, 9; Kol 1, 20; Eph 1, 7; 2, 13). Die Kreuzigung war eine unblutige Todesart; wenn Paulus vom Blut Jesu spricht, hat er also primär nicht den historischen Vollzug der Hinrichtung vor Augen, sondern das Opfer. Gemeinsam ist allen diesen Aussagen, die die Opferterminologie benutzen, daß sie ein Doppeltes zum Ausdruck bringen wollen: 1. Jesus stirbt als der Sündlose (2 Kor 5, 21); 2. er stirbt stellvertretend für unsere Sünden. In seinem Tod fassen sich alle Opferveranstaltungen des Alten Bundes zusammen; er ist das Opfer schlechthin für die Sünden der Menschheit.

b) Eine zweite Gedankenreihe, mit deren Hilfe Paulus die Stellvertretung Christi verdeutlicht, ist dem *Strafrecht* entnommen. Hierher gehören die Stellen, die auf Jes 53 Bezug nehmen, das Kapitel vom leidenden Gottesknecht, der die Strafe für unsere Schulden erduldet. „Er wurde um unserer Übertretungen willen dahingegeben", heißt es Röm 4, 25 im Anschluß an Jes 53, 12, „Gott gab ihn für uns alle dahin", Röm 8, 32 im Anschluß an Jes 53, 6, „er gab sich selbst für unsere Sünden dahin" Gal 1, 4 im Anschluß an Jes 53, 10. An Jesu Fleisch vollzog Gott die Todesstrafe, die wir hätten tragen müssen (Röm 8, 3); ihn ließ er den Fluch tragen, der auf uns lag (Gal 3, 13). Mit besonderer Eindringlichkeit hat Paulus es Kol 2, 14 verstanden, diesen Gedanken des stellvertretenden Ertragens des endgerichtlichen Urteils zu verdeutlichen: „Gott tilgte die uns belastende, die übertretenen Satzungen aufzählende Schuldurkunde und beseitigte sie, indem er sie an das Kreuz heftete." Über dem Gekreuzigten hängt am Kreuz der Titulus, eine Tafel, die der Verbrecher auf dem Weg zur Hinrichtung um den Hals getragen hat und auf der seine Untaten stehen, derentwegen er verurteilt worden war. Auch zu Jesu Häupten hängt der Titulus. Aber siehst du nicht, sagt Paulus, da ist eine Hand, die den Titulus entfernt und ihn durch einen anderen ersetzt, dicht beschrieben, Zeile um Zeile? Du muß schon sehr nahe herzutreten, wenn du ihn entziffern willst, diesen neuen Titulus – es ist deine und meine Schuld, die auf ihm steht.

c) Neben der kultischen und der strafrechtlichen Gedankenreihe steht eine dritte, die Paulus dem *Sklavenwesen* entnahm. „Erwerben" (1 Kor 6, 20; 7, 23), „loskaufen" (Gal 3, 13; 4, 5), „gegen Bezahlung" (1 Kor 6, 20; 7, 23) sind hier die Stichworte: Christus hat uns durch seinen Tod aus der Sklaverei losgekauft. Das Bild aus dem Leben, das Paulus vor Augen steht, ist nicht, wie A. Deissmann meinte, der sakrale Loskauf, bei dem ein Sklave zum Schein an die Gottheit verkauft wird, in Wahrheit aber den Kaufpreis selbst beibringt, sondern ein Vorgang, der ungleich drastischer ist: nämlich der stellvertretende Eintritt in die Sklaverei, um einen Sklaven frei zu machen. Dieses kaum überbietbare Liebesopfer, den freiwilligen Verzicht auf die Freiheit um eines anderen willen, hat Paulus im Auge, wenn er 1 Kor 13, 3 als Beispiel für höchste Aufopferung nennt: „und ließe meinen Leib brennen." „Und wenn ich alle meine Habe (an die Armen) verteilte, ja wenn ich mir freiwillig (zur Befreiung eines Bruders) das Sklavenmal aufbrennen ließe, und hätte der Liebe nicht, so wäre mir's nichts nütze." Aus dem 1. Klemensbrief wissen wir, daß solche letzten Opfer in der ältesten Christenheit tatsächlich gebracht worden sind (55, 2). *Das* ist es, sagt Paulus, was Christus für uns tat. Wir waren in der Sklaverei der Sünde (Röm 3, 9 u. ö.), des Gesetzes (Gal 4, 5) und des Gottesfluches (Gal 3, 13); der Gekreuzigte hat sich an unserer Stelle zum Sklaven dieser Mächte gemacht, um uns rechtmäßig loszukaufen (Gal 3, 13; 4, 5). Man muß die schreckliche Lage der Sklaven im Altertum vor Augen haben, die der Laune und Willkür ihrer Herren wehrlos preisgegeben waren und sich in Bergwerken und auf Galeeren zu Tode arbeiten mußten wie ein Stück Vieh, um den wundervollen Klang ins Ohr zu bekommen, den in der damaligen Welt das Wort „Loskauf" für die zahlreichen Sklaven hatte, die zu den ältesten Gemeinden gehörten.

d) Selten (soviel ich sehe, nur zweimal) begegnet eine vierte Gedankenreihe: die des stellvertretenden *Gehorsams*. Sie findet sich einerseits Röm 5, 18 f, wo in zwei gegensätzlichen Parallelsätzen die universale Wirkung des Ungehorsams Adams und der Gehorsamstat Christi gegenübergestellt wird („durch den [stellvertretend geleisteten] Gehorsam des Einen sind die Vielen zu Gerechten geworden"), andererseits Gal 4, 4 f: „Christus wurde Sklave des Gesetzes, um die, die Gesetzessklaven waren, (durch stellvertretende Gesetzerfüllung) loszukaufen, damit wir die Kindschaft empfingen."

So verschieden die Bilder sind, in allen vier Gedankenreihen geht es Paulus um ein und dasselbe Anliegen: er möchte das „für uns", die Stellvertretung des Sündlosen für die Sünder, veranschaulichen. Darin, daß diese Stellvertretung den Gottlosen (Röm 5, 6), den Gottesfeinden (5, 10), der Gott hassenden Welt (2 Kor 5, 19) gilt, offenbart sich die grenzenlose Allmacht der allumfassenden Liebe Gottes (Röm 5, 8). Wenn Paulus statt dessen auch sagen kann, daß sich am Kreuz die Gerechtigkeit Gottes offenbarte (Röm 3, 21), so ist damit dasselbe gesagt. Denn Gerechtigkeit Gottes und Liebe Gottes sind nicht Gegensätze – als ob am Kreuz ein Widerstreit zwischen Gottes Liebe und Gottes Gerechtigkeit ausgeglichen werden müßte –, vielmehr ist es eine gesicherte und grundlegende Erkenntnis der neutestamentlichen Forschung, daß der griechische Ausdruck „Gerechtigkeit Gottes" bei Paulus mit „das Heil Gottes" übersetzt werden muß. Paulus knüpft nämlich an den Sprachgebrauch der Psalmen und des zweiten Jesajabuches (Jes 40–55) an, wo Gerechtigkeit immer wieder mit Gnade, Heil, Rettung wechselt, man denke nur an Psalm 103, 17:

> „Die Gnade aber des Herrn
>   währet von Ewigkeit zu Ewigkeit über die, so ihn fürchten,
> und seine Gerechtigkeit
>   auf Kindeskind".

Entsprechend besagen Liebe Gottes und Gerechtigkeit Gottes bei Paulus dasselbe. Darin, daß Gott die Sünde, das Gerichtsurteil, den Gottesfluch, die den Menschen objektiv von ihm trennen, weil nicht vor Gott bestehen kann, was mit Sünde behaftet ist, am Kreuz des Sohnes beseitigt, offenbart sich seine Liebe. Die Stellvertretung am Kreuz – das ist der Zentralgedanke der paulinischen Verkündigung – ist die Konkretisierung und Aktualisierung, das Sichtbarwerden und Ereigniswerden der Liebe Gottes.

C. Die Urgemeinde

Wenn wir uns – nochmals einen Schritt zurückgehend – drittens der vorpaulinischen *Urgemeinde* zuwenden, so sind wir nicht wie bei Paulus in der glücklichen Lage, Originaldokumente zu besitzen. Dennoch können wir mit Bestimmtheit sagen, daß bereits für die älteste Gemeinde die Sinndeutung des Kreuzes zentrales Anliegen gewesen ist. Die historische Situation zwang sie vom Ostertag an, zu dem quälenden Rätsel des Kreuzes Stellung zu nehmen. Für den antiken Menschen war das Kreuz ja nicht nur Inbegriff der furchtbarsten Qualen, sondern Inbegriff der Schande (Hebr 12, 2), und für jüdisches Empfinden kam noch hinzu, daß diese in Israel unbekannte Todesstrafe nach Dtn 21, 23 als sichtbares Zeichen des Gottesfluches galt. Wie war es möglich, daß der, den Gott in der Auferstehung legitimiert hatte, den Fluchtod starb? Das alte Kerygma zeigt, wo man die Antwort fand, wenn es verkündigte: Christus starb für unsere Sünden nach der Schrift (1 Kor 15, 3). „Für unsere Sünden" besagt: sein Tod war stellvertretendes Sterben. Und „nach der Schrift" begründet diese Sinndeutung des Todes mit Jes 53; denn nur hier im ganzen Alten Testament findet sich eine dem „er starb für unsere Sünden" entsprechende Aussage. Wie man diese Bezugnahme auf Jes 53 hat bezweifeln können, wird mir für immer verborgen bleiben. Auf den Plural (wörtlich: „nach den Schriften"), der angeblich auf eine Vielzahl von Schriftbelegen hinweise, hätte man sich jedenfalls lieber nicht berufen sollen, weil diese Behauptung ein sprachlicher Irrtum ist; der diesem griechischen Plural zugrunde liegende aramäische Plural *(kᵉthubajja)* bezeichnet *die* Schrift und muß im Deutschen singularisch übersetzt werden. Aber wir haben noch andere Belege als 1 Kor 15, 3. Es ist doch ein eindrucksvoller Tatbestand, daß sich die außerordentlich zahlreichen christologischen Bezugnahmen auf Jes 53, die bei Paulus zu finden sind, ohne jede Ausnahme als vorpaulinisches Traditionsgut zu erkennen geben: teils vom stilistischen, teils vom sprachlichen Befund, meist von beiden Seiten her[56]. So kann kein Zweifel daran bestehen, daß die Urgemeinde längst vor Paulus im Kapitel vom leidenden Gottesknecht (Jes 53) den Schlüssel für die Lösung des dunklen Geheimnisses gefunden hat, daß der Gottessohn den Schmachtod sterben mußte.

D. Jesus

Die *Evangelien* berichten, daß diese Sinndeutung des Todes Jesu auf ihn selbst zurückgeht. Ist das glaubhaft?

Untersucht man die Leidensankündigungen Jesu literarkritisch, so beobachtet man die offenkundige Tendenz der Überlieferung, Jesus nachträglich Ankündigungen seines Leidens in den Mund zu legen (z. B. Mt 26, 1–4 verglichen mit der Vorlage Mk 14, 1. 2), und darüber hinaus die Neigung, die Leidensankündigungen schrittweise immer stärker dem faktischen Verlauf der Ereignisse anzugleichen (vgl. Mk 9, 31 mit 8, 31 und 10, 33 f). Es ist verständlich, daß man weithin aus diesem unbestreitbaren Tatbestand den Schluß zieht, alle uns überlieferten Worte Jesu über sein Leiden seien sog. vaticinia ex eventu (aus den Ereignissen selbst nachträglich abgeleitete Weissagungen). In Wahrheit kann davon keine Rede sein. Auch wenn man so kritisch und behutsam wie möglich vorgeht, stößt man sowohl bei den Leidens- wie bei den Herrlichkeitsankündigungen auf einen vorösterlichen Kern.

Was die *Leidensankündigungen* anlangt, so ist davon auszugehen, daß der Gesamtverlauf des Lebens Jesu ihn zwingen mußte, immer stärker mit Verfolgung, ja mit einem gewaltsamen Tod zu rechnen. Sowohl die Übertretung des Sabbats als auch die Lästerung Gottes und die angebliche Zauberei (Mk 3, 22 b), die ihm vorgeworfen wurden, waren Vergehen, die die Strafe der Steinigung (bei Lästerung mit nachfolgendem Aufhängen des Leichnams am Kreuz) nach sich zogen. Hinzu kam, daß Jesus sich selbst wiederholt – in Worten, die wegen der scheinbar niedrigen Christologie als authentisch zu gelten haben – in die Reihe der Propheten gestellt hat; gerade in Jesu Tagen aber galt das Martyrium, wie wir aus dem Neuen Testament, den zeitgenössischen Prophetenlegenden und der damals im Aufblühen begriffenen Auszeichnung der Prophetengräber durch Sühnedenkmäler wissen, als Bestandteil des prophetischen Amtes. Jesus selbst hat in der Heilsgeschichte eine ununterbrochene Kette von Martyrien der Gerechten von Abel bis Zacharias, dem Sohn des Jojada, gesehen; und namentlich das Schicksal des letzten in der Reihe, des Täufers, deutete ihm sein eigenes Schicksal an.

Schwerer noch als diese Erwägungen wiegt das Zeugnis der Texte selbst. Die Leidensankündigungen, bei denen keineswegs nur an die drei sogenannten Leidensweissagungen (Mk 8, 31; 9, 31; 10, 33 ff) zu denken ist, gehören der vorhellenistischen Überlieferungsschicht an, wie schon das aramäische Wortspiel *bar nascha / b^ene nascha* (Mk 9, 31: Gott wird den Menschen den Menschen ausliefern) zeigt, aber auch das fast völlige Fehlen von Bezugnahmen auf den griechischen Bibeltext. Sie sind teilweise so fest im Kontext verankert, daß sie nicht aus ihm gelöst werden können (man denke nur an die Bezeichnung des Petrus als Satan Mk 8, 32 f, die nicht Erfindung sein kann)[57]. Sie gehören ferner den verschiedensten Gattungen an: neben der offenen Leidensweissagung in ihren verschiedenen Varianten stehen verhüllte Leidensankündigungen: Gleichnisse und Bildworte (wie Kelch, Taufe, Lösegeld), Rätselworte (wie Jonaswort, Schwerterwort u. a.) und die Deuteworte beim Abendmahl. Vor allem aber enthalten die Leidensankündigungen eine Reihe von Zügen, die sich nicht buchstäblich erfüllt haben. Das gilt beispielsweise von der Erwartung des Verbrecherbegräbnisses (Mk 14, 8) und von der Erwartung, daß ein Teil der Jünger Jesu Schicksal teilen müsse (Mk 10, 32–40; Luk 22, 36 f); seltsamerweise waren die Behörden zufrieden mit Jesu Tötung und ließen zunächst die Jünger unbehelligt. Derart gehäufte Feststellungen, die sich vermehren lassen, verbieten es, die Leidensankündigungen Jesus in Bausch und Bogen als vaticinia ex eventu abzusprechen. Die Skepsis wird ungewollt zur Geschichtsverfälschung, wenn sie sich durch zutreffende kritische Einzelbeobachtungen verleiten läßt, das gesamte Material kritiklos für Gemeindebildung zu erklären.

Genauso wie für die Leidensankündigungen läßt sich für die mit ihnen verbundenen *Herrlichkeitsankündigungen* zeigen, daß ihr Kern vorösterlich ist. Ich beschränke mich auf ein Beispiel: die drei Tage. Neben der an Hos 6, 2 anknüpfenden Fassung „nach drei Tagen wird er auferstehen" stehen ganz andere Drei-Tage-Worte. Nach drei Tagen, sagt Jesus, werde er den neuen Tempel errichten (Mk 14, 58 par). Heute und morgen treibt er Dämonen aus und vollzieht er Heilungen, am dritten Tag wird er vollendet werden (Lk 13, 32). Heute und morgen und am folgenden Tag muß er wandern, danach in Jerusalem das Prophetenschicksal erleiden (13, 33). Noch eine kurze Zeit, dann werden sie ihn nicht sehen – abermals eine kurze Zeit, dann werden sie ihn sehen: heute Gemeinschaft mit ihm, morgen die Trennung, am dritten Tag die Wiederkunft (Joh 16, 16). Es ist deutlich: Jesus hat in vielfältigen Wendungen die große Wende Gottes angekündigt, und schon das Fehlen einer Differenzierung zwischen Auferstehung und Wiederkunft zeigt, daß auch die Herrlichkeitsankündigungen nicht vaticinia ex eventu, sondern im Kern vorösterlich sind.

Ist aber sowohl die Leidens- wie die Herrlichkeitsankündigung in ihrem Kern auf Jesus selbst zurückzuführen, dann wird man die Behauptung der Texte, Jesus habe mit der Leidensankündigung die *Leidensdeutung* verbunden, nicht mit leichter Hand als Dogmatik der Urgemeinde beiseite schieben dürfen. Im Gegenteil! Wer einen Eindruck von der außerordentlichen Bedeutung gewonnen hat, die die Vorstellung von der Sühnkraft des Leidens und des Todes im antiken Judentum besaß, der wird es für vollständig undenkbar halten müssen, daß Jesus Leiden und Tod erwartet haben sollte, ohne sich Gedanken über ihren Sinn gemacht zu haben.

Entscheidend sind auch hier die Texte. An erster Stelle unter den Leidensdeutungen Jesu sind die Abendmahlsworte zu nennen. Ich begnüge mich mit zwei Bemerkungen zu ihnen. Erstens: die Worte „für viele", auf die es hier ankommt, finden sich – mit Abweichungen in der Stellung und im Wortlaut (Mk 14, 24; Mt 26, 28; 1 Kor 11, 24; Lk 22, 19. 20; Joh 6, 51) – in allen fünf Fassungen der Deuteworte, die uns das Neue Testament überliefert. Ihr Fehlen bei Justin (155 n. Chr.) ist belanglos, weil Justin die Deuteworte in seiner Apologie bewußt verkürzt zitiert. Von den verschiedenen Fassungen der Wendung ist die des Markus „für viele" als Semitismus sicher älter als die paulinisch-lukanische „für euch". Da Paulus seine Fassung der Abendmahlsworte, die sprachlich stark gräzisiert ist, in Antiochia Anfang der vierziger Jahre erhalten haben wird, führt uns das ältere „für viele" des Markus in das erste Jahrzehnt nach Jesu Tod zurück. Wer die beiden Worte als Interpretament streichen will, muß sich bewußt sein, daß er eine ganz alte Überlieferung preisgibt und daß es keine sprachlichen Gründe gibt, auf die er sich berufen könnte. Zweitens: die Worte „für viele" sind, wie Mk 10, 45 b bestätigt, Bezugnahme auf Jes 53. Auf diese Schriftstelle weist sowohl das „für", also der Stellvertretungsgedanke, als auch das „viele"; denn artikelloses „viele" im einschließenden Sinn „die Vielen, die große Schar, alle" findet sich in Jes 53 gehäuft[58] und ist geradezu das Stichwort dieses Kapitels. Das „für viele" der Abendmahlsworte besagt also, daß Jesus in Jes 53 den Schlüssel für die Deutung seines Leidens und Sterbens gefunden hat.

Komplizierter ist die Überlieferungsgeschichte des engstens mit den Abendmahlsworten verwandten Wortes vom Lösegeld, weil hier Mk (10, 45, par Mt 20, 28) und Lk (22, 27) voneinander abweichen. Es scheint so zu liegen, daß beiden Fassungen ein Logion Jesu zugrunde liegt, das von seinem Dienst sprach; in der lukanischen Sonderquelle ist dieser Dienst Jesu mit Hilfe seines Tischdienstes, bei Markus mit Hilfe von Jes 53 illustriert. Bei Lukas ist der Kontext sprachlich stark gräzisiert; bei Markus ist nicht nur die Sprache, sondern auch der Vorstellungsgehalt des Logions semitisch, denn die religiöse Verwendung des Loskaufbildes ist spezifisch palästinisch. Das gibt der Markusüberlieferung ein hohes Alter. Das Mindeste, was man wird sagen müssen, ist dieses: Markus besaß neben den Abendmahlsworten eine weitere alte Überlieferung, derzufolge Jesus sein Leiden mit Hilfe von Jes 53 gedeutet hat.

Ganz alte Überlieferung, ja ich möchte sagen, ein Stück Urgestein der Überlieferung haben wir in dem der lukanischen Sonderquelle entstammenden Schwerterwort Lk 22, 35–38 vor uns. Da wird den Jüngern zunächst in V. 35 f der unmittelbar bevorstehende Anbruch der Notzeit angekündigt, ein vorösterliches Wort, weil es eine unerfüllte Weissagung darstellt, da das kollektive Leiden der Jünger *so* nicht eintrat. Die unentbehrliche Begründung für den totalen Umschwung in der Stimmung der Umwelt von gastlicher Freundlichkeit zu blutigem Haß gibt das Wort aus Jes 53, 12: „und er wurde den Gottlosen zugerechnet". Und nochmals folgt in V. 38 ein ganz altertümliches Wort, der Hinweis der Jünger auf die zwei Schwerter, deshalb alt, weil es das völlige Unverständnis der Jünger ohne jede Schonung oder Beschönigung zugibt. Wieder bietet Jes 53 die Deutung für das auf Jesus zukommende Leiden.

Vorösterliche Überlieferung wird man auch in Mk 14, 27 f zu erblicken haben, dem Wort vom Hirten, der geschlagen wird und dessen Schafe sich zerstreuen, und zwar wegen des Fortgangs in V. 28, wo das Bild vom Hirten weitergeführt wird mit der Verheißung, daß er (seiner Herde) „nach Galiläa voranschreiten werde", was nicht ex eventu formuliert sein kann. Man muß den Kontext des zitierten Sacharjawortes (13, 7) vor Augen haben, um zu sehen, daß auch hier eine Leidensdeutung im Hintergrund steht: der Tod des Hirten leitet die Trübsal und die auf sie folgende Sammlung der geläuterten Herde ein. Und Joh 10, 15. 17 f zeigt darüber hinaus, daß mit dem Hirtenbild in der urkirchlichen Überlieferung Jes 53 verbunden war.

Schließlich sei noch Lk 23, 24 genannt, die Fürbitte am Kreuz. Sie wird nicht von allen Handschriften bezeugt, beruht aber auf alter Überlieferung, wie Form und Inhalt (die Anrede „mein Vater", die Fürbitte für die Feinde) übereinstimmend zeigen. Auch hier spielt die Leidensdeutung herein; denn Jesus spricht die Fürbitte anstelle des Sühnevotums „mein Tod sei Sühne für alle meine Sünden", das jeder Hinzurichtende zu sprechen hatte, und wendet damit die Sühnkraft seines Todes anstatt sich selbst seinen Henkern zu. Auch hier steht Jes. 53 im Hintergrund, schließt dieses Kapitel doch mit den Worten: „und für die Übeltäter tat er Fürbitte" (V. 12).

Die Zahl der Stellen, an denen Jesus nach den Berichten der Evangelien Jes 53 auf sich selbst bezieht, ist größer, aber doch begrenzt. Das hängt damit zusammen, daß Jesus nur in der esoterischen, nicht in der öffentlichen Predigt die letzten Geheimnisse seiner Sendung enthüllt hat. Nur seinen Jüngern hat er das Geheimnis erschlossen, daß er die Erfüllung von Jes 53 als die ihm von Gott gestellte Aufgabe ansah, und nur ihnen hat er seinen Tod als Stellvertretung für die Vielen, die ungezählte Schar, der dem Gericht Gottes Verfallenen gedeutet. Ein Vierfaches ist es, was nach Jes 53 dem stellvertretenden Tod des Gottesknechtes so grenzenlos sühnende Kraft gibt: es ist freiwilliges (V. 10), geduldig getragenes (V. 7), von Gott gewolltes (V. 6. 10), unschuldiges (V. 9) Leiden. Es ist Leben aus Gott und mit Gott, das hier in den Tod gegeben wird.

Wenn wir mit großer Wahrscheinlichkeit – von Sicherheit kann nicht die Rede sein – die urchristliche Sinndeutung des Sterbens Jesu als Erfüllung von Jes 53 bis auf Jesus selbst zurückverfolgen konnten, so ist uns damit die existentielle Frage nicht abgenommen. Sie bleibt. Aber sie liegt jetzt dort, wohin sie gehört: bei Jesus selbst.

[1] Vortrag gehalten bei der 500-Jahrfeier der Ernst-Moritz-Arndt-Universität in Greifswald. – Literatur: M. Kähler, Der sogenannte historische Jesus und der geschichtliche, biblische Christus. 1892. Neudruck [2]1956. – A. Schweitzer, Geschichte der Leben-Jesu-Forschung, [2]1913. – R. Bultmann, Theologie des Neuen Testaments, [3]1958. – E. Käsemann, Das Problem des historischen Jesus, Zeitschr. f. Theol. u. Kirche 51 (1954), S. 125–153. – N. A. Dahl, Der historische Jesus als geisteswissenschaftliches und theologisches Problem, Kerygma und Dogma 1 (1955), S. 104–152. – T. W. Manson, The Life of Jesus: Some Tendencies in Present-Day Research, in: The Background of the New Testament and its Eschatology (C. H. Dodd-Festschrift), 1956, S. 211–221. – E. Heitsch, Die Aporie des historischen Jesus als Problem theologischer Hermeneutik, Zeitschr. f. Theol. u. Kirche 53 (1956), S. 192–210. – E. Fuchs, Die Frage nach dem historischen Jesus, ebd. 53 (1956), S. 210–229. – B. Rigaux, Jésus-Christ devant l'histoire et la dialectique, Revue Générale Beleg (August 1958), S. 1–16. – P. Althaus, Das sogenannte Kerygma und der historische Jesus (Beitr. zur Förderung christl. Theologie 48), 1958. – R. Schnackenburg, Jesusforschung und Christusglaube, Catholica 13 (1959), S. 1–17. – J. M. Robinson, Kerygma und historischer Jesus, 1960. – R. Bultmann, Das Verhältnis der urchristlichen Christusbotschaft zum historischen Jesus (Sitzungsberichte der Heidelberger Akademie der Wissenschaften. Philosoph.-hist. Klasse 1960, 3) – E. Käsemann, Sackgassen im Streit um den historischen Jesus, in: Exegetische Versuche II, Göttingen 1964, 31–68. – J. Jeremias, Die Gleichnisse Jesu, [7]1965 = [8]1970. – Ders., Neutestamentliche Theologie I, Gütersloh 1971.

[2] Kerygma (Proklamation) = die Verkündigung, daß Jesus der Heiland ist.

[3] Vgl. J. Leipoldt, Vom Jesusbild der Gegenwart[2], Leipzig 1952.

[4] Neuausgabe[2], München 1956, S. 57.

[5] aaO S. 71. 78.

[6] R. Bultmann, Jesus, 1926, S. 143.

[7] R. Bultmann, Theologie des Neuen Testaments, [3]1958, S. 12.

[8] aaO S. 1.

[9] R. Bultmann, Das Urchristentum im Rahmen der antiken Religionen[2], 1954.

[10] Die Geschichtlichkeit der Kirche und ihrer Verkündigung als theologisches Problem, 1954, S. 59.

[11] aaO S. 59 ff.

[12] aaO S. 63.

[13] Ipsissima vox Jesu = „die ureigenste Redeweise Jesu"; in nuce = „im Kern".

[14] A. Schweitzer, Geschichte der Leben-Jesu-Forschung, 1913, S. 631–632.

[15] aaO S. 642.

[16] E. Fuchs, Die Frage nach dem historischen Jesus, in: Zeitschr. f. Theol. u. Kirche 53 (1956), S. 219.

[17] Ebionitismus wird das von der Kirche abgesplitterte und zur Sekte gewordene Judenchristentum genannt, das an der Heilsnotwendigkeit des Gesetzes festhielt, darum Paulus ablehnte und in Jesus nur einen von Gottes Geist erfüllten, das Gesetz treu haltenden Menschen sah.

Doketismus heißen diejenigen Formen christlicher Verkündigung und Lehre, nach denen Gott nicht wirklich, sondern nur „scheinbar" und darum auch nur vorübergehend Mensch geworden sei, bei denen darum die geschichtliche Wirklichkeit des Lebens Jesu entwertet wurde. Der Ebionitismus zerschnitt die Verbindung mit der Kirche, deren Apostel Paulus war; der Doketismus bestritt die Bindung des Glaubens an die Geschichte Jesu in ihrer Wirklichkeit.

[18] P. Althaus, Das sogenannte Kerygma und der historische Jesus, 1958. S. 34.

[19] *Literatur:* P. Fiebig, Das Vaterunser, Gütersloh 1927. – E. Lohmeyer, Das Vaterunser, Göttingen 1946 = ⁴1960 (Lohmeyers Bemerkungen zur aramäischen Urform sind allerdings unhaltbar). – T. W. Manson, The Lord's Prayer, Bulletin of the John Rylands Library 38 (1955/56), S. 99–113. 436–448. – H. Schürmann, Das Gebet des Herrn, Leipzig 1957. *Zur Frage nach dem aramäischen Urtext:* C. C. Torrey, The Translations Made From the Original Aramaic Gospels, in: Studies in the History of Religions presented to C. H. Toy, New York 1912, S. 309–317. – C. F. Burney, The Poetry of Our Lord, Oxford 1925, S. 112 f. – G. Dalman, Die Worte Jesu I², Leipzig 1930, S. 283–365. – E. Littmann, Torreys Buch über die vier Evangelien, Zeitschrift für die Neutestamentliche Wissenschft 34 (1935), S. 20–34, besonders S. 29 f. – K. G. Kuhn, Achtzehngebet und Vaterunser und der Reim (Wissenschaftliche Untersuchungen zum Neuen Testament 1), Tübingen 1950.

[20] Praebaptismal = vor der Taufe gehalten.

[21] Postbaptismal = nach der Taufe gehalten.

[22] Mystagogische Katechesen = in die Geheimnisse (des christlichen Glaubens) einführende Katechesen.

[23] *Missa fidelium* = Gottesdienst für die Gläubigen, d. h. Getauften.

[24] J.-P. Audet, La Didachè. Instructions des Apôtres (Études bibliques), Paris 1958, S. 219.

[25] Doxologie = Lobpreis.

[26] A. Seeberg, Die vierte Bitte des Vaterunsers, Rostock 1914, S. 13 f; T. W. Manson, The Lord's Prayer. S. 101 f.

[27] Die Ausgestaltung hat sich in Etappen vollzogen, wie man daraus sieht, daß das Wort „Himmel" bei Mattäus in der Anrede im Plural steht (semitischer Sprachgebrauch), in der dritten Bitte dagegen im Singular (griechischer Sprachgebrauch).

[28] K. H. Rengstorf, Das Evangelium nach Lukas (Das Neue Testament Deutsch 3)¹³, Göttingen 1968, S. 144.

[29] b. Berakot 40 a; b. Sanhedrin 70 b.

[30] So dürfte vom Aramäischen her zu übersetzen sein. Möglich bleibt die uns geläufige Übersetzung: „Wenn ihr nicht umkehrt und wie die Kinder werdet."

[31] Mattäuskommentar zu 6, 11 (E. Klostermann, Apocrypha II³, Kleine Texte 8, Berlin 1929, S. 7).

[32] b. Berakot 60 b.

[33] Tertullian, De baptismo XX, 2, vgl. J. Jeremias, Unbekannte Jesusworte³, Gütersloh 1963, S. 71–73.

[34] Vgl. H. Schürmann, Das Gebet des Herrn, Leipzig 1957, S. 90.

[35] A. Schlatter, Der Evangelist Matthäus⁶, Stuttgart 1963, S. 217.

[36] Leipzig 1929, [2]1937; das Buch ist freilich mühsam zu lesen und läßt unbefriedigt.

[37] Die Predigt vom Reiche Gottes, 2. Aufl. 1900 = [3]1964, S. 150.

[38] C. H. Dodd, The Apostolic Preaching and its Developments, London 1936; Gospel and Law, Cambridge 1951.

[39] K. Bornhäuser, Die Bergpredigt, Gütersloh 1923, S. 96 ff, hat als erster die Vermutung ausgesprochen, Jesus habe an Jes 50, 6 gedacht.

[40] G. v. Rad, Die Stadt auf dem Berge, Evg. Theol. 8, 1948/49, S. 439–447 = Gesammelte Studien zum AT, München 1958 = [2]1961, S. 214–224.

[41] Die ältesten Belege stammen aus dem essenischen Bereich (die Essener waren eine jüdische Gruppe, die sich als Heilsgemeinde wußte; ihr Zentrum war Qumran am Toten Meer): 1 QS 6, 4 f und 1 QSa 2, 17–21 (Vortischgebet); Jub 22,6–9 (120 v. Chr.; Nachtischgebet); Josephus, Bell. Jud. 2, 131 (Vor- und Nachtischgebet). Die Essener haben wahrscheinlich einen pharisäischen Brauch fortgesetzt.

[42] b. Ber. 43 b Bar.

[43] Vgl. O. Hofius, Jesu Tischgemeinschaft mit den Sündern, Calwer Heft 86, Stuttgart 1967.

[44] A. E. Cowley, Samaritan Liturgy, Oxford 1909, I. S. 20, f. 28 Zeile 7, zitiert nach M. Black, An Aramaic Approach to the Gospels and Acts[3], Oxford 1967, S. 140.

[45] Zum Sprachgebrauch siehe J. Jeremias, Die Abendmahlsworte Jesu[4], Göttingen 1967, S. 98.

[46] Ebenda, S. 165–176.

[47] Mischna, Traktat Passafest 10, 5.

[48] Der Vergleich Jesu mit dem Passalamm liegt außer 1 Kor 5, 7 vor: 1 Petr 1, 19; Offb 5, 6; 9, 12; 12, 11; Joh 19, 36 vgl. 1, 29. 36.

[49] Nur der Verräter hat sich selbst, wie das „jedoch" in Lk 22, 21 zum Ausdruck bringt, vom Gottesvolk ausgeschlossen.

[50] Das ergibt sich daraus, daß das Abendmahl in der Aufzählung der vier Lehrstücke in Hebr 6, 2 fehlt und erst 13, 10 Erwähnung findet.

[51] „Mitgekreuzigtwerden" findet sich außerhalb der Evangelien nur bei Paulus (Röm 6, 6; Gal 2, 19); „erneut kreuzigen" im NT nur Hebr 6, 6.

[52] Apg 5, 30; 10, 39; 13, 29; Gal 3, 13; 1 Petr 2, 24.

[53] K. H. Rengstorf, Die Auferstehung Jesu[4], Witten 1960, 19.

[54] P. Feine. Das gesetzesfreie Evangelium des Paulus, Leipzig 1899, 18.

[55] G. Jeremias, Der Lehrer der Gerechtigkeit, Göttingen 1963, 134 f.

[56] Die (zu vermehrenden) Einzelnachweise findet man in ThWNT V, 703, 34 ff; 707, 28 ff.

[57] Weiteres ThWNT V, 712.

[58] Substantivisch und artikellos gebraucht: Jes 52, 14; 53, 12 e; die Septuaginta setzt auch für 53, 11 c. 12 a Artikellosigkeit voraus. Vgl. o. S. 76.

Calwer Paperback
Herausgegeben von Gerhard Hennig

Diese Reihe verbindet theologisches Niveau mit Aktualität, Information mit
biblischer Ausrichtung. Ihre Beiträge richten sich nicht nur an Pfarrer und
Studenten, sie sind für Gemeindeseminare genauso geeignet wie für jeden an
der Sache Interessierten.

Martin Hengel · Christus und die Macht
Die Macht Christi und die Ohnmacht der Christen. Zur Problematik einer
»Politischen Theologie« in der Geschichte der Kirche
80 Seiten [ISBN 3-7668-0442-1]   DM 9,80

Martin Hengel · Eigentum und Reichtum in der frühen Kirche
Aspekte einer frühchristlichen Sozialgeschichte
100 Seiten [ISBN 3-7668-0430-8]   DM 9,80

Martin Hengel · Zur urchristlichen Geschichtsschreibung
120 Seiten [ISBN 3-7668-0615-7]   DM 16,–

Joachim Jeremias · Jesus und seine Botschaft
Das Problem des historischen Jesus / Das Vater-Unser / Die Bergpredigt /
»Das ist mein Leib . . .« / Der Opfertod Jesu Christi
96 Seiten [ISBN 3-7668-0508-8]   DM 9,80

Rainer Mayer · Moral und christliche Ethik
72 Seiten [ISBN 3-7668-0523-1]   DM 7,80

Hartmut Metzger · Kristallnacht
Dokumente von gestern zum Gedenken heute
64 Seiten, 2 Falttafeln [ISBN 3-7668-0608-1]   DM 7,80

The Sorg · Ehe und Familie
Biblische Perspektiven
56 Seiten [ISBN 3-7668-0695-5]   DM 7,80

**Peter Stuhlmacher / Helmut Claß · Das Evangelium von der Versöhnung
in Christus**
88 Seiten [ISBN 3-7668-0623-8]   DM 9,80

Die hier angegebenen Preise entsprechen dem Stand Januar 1982. Änderungen vorbehalten.

Calwer Verlag Stuttgart